Klaus-P. Horn
Regine Brick

Organisationsaufstellung und systemisches Coaching

Klaus-P. Horn
Regine Brick

Organisations-aufstellung und systemisches Coaching

Das Praxisbuch

Bibliografische Information Der Deutschen Bibliothek

Die Deutsche Bibliothek verzeichnet diese Publikation in der Deutschen Nationalbibliografie; detaillierte bibliografische Daten sind im Internet über http://dnb.ddb.de abrufbar.

ISBN 3-89749-292-X

Lektorat: Dr. Sonja Klug, Bad Honnef
Umschlaggestaltung: +malsy Kommunikation und Gestaltung, Bremen
Umschlagfoto: ZEFA Visual Media, Hamburg
Satz: Lohse Design, Büttelborn
Druck: Salzland Druck, Staßfurt

© 2003 GABAL Verlag GmbH, Offenbach

Alle Rechte vorbehalten. Vervielfältigung, auch auszugsweise, nur mit schriftlicher Genehmigung des Verlages.

www.gabal-verlag.de – More success for you!

Inhalt

Vorwort von Horst Rückle **7**

Einführung **9**

1. **Systemische Aufstellung –
   Erfolgsradar für Ihre Projekte** **13**

2. **Aus der Aufstellungspraxis** **21**

   2.1 *„Was habe ich mir da eingekauft?"*
   Der hohe Preis einer Akquisition
   (Inhouse-Aufstellung) **22**

   2.2 *„So geht es nicht weiter!"*
   Konfliktlösung durch systemische
   Teamentwicklung (Inhouse-Aufstellung) **41**

   2.3 *„Mein Laden ist klinisch tot!"*
   Aufstieg und Absturz in der New Economy
   (Aufstellung in einem offenen Seminar) **59**

   2.4 *„Eine schlimme Bauchlandung!"*
   Eine Trainerin fühlt sich gemobbt
   (Aufstellung in einem offenen Seminar) **73**

3. Systemisches Coaching – Navigationshilfe
   zur Umsetzung gefundener Lösungen 88

4. Aus der Coachingpraxis 95

4.1 *„Das muss doch jetzt vorangehen!"*
    Aufstellung als Monitoring im
    Kleingruppencoaching 96

4.2 *„Wo bin ich da hineingerutscht?"*
    Reinszenierung eines Familienthemas
    im Unternehmen 109

4.3 *„Dürfen die alles, nur weil sie Vorstände sind?"*
    Gewissensbisse mit den Ordnungen der Macht . . . 127

4.4 *„Seine Arroganz ist nicht auszuhalten!"*
    Ein Coaching zum Umgang mit schwierigen
    Mitmenschen 145

5. Übungen für Sie 160

Literaturverzeichnis 171

Über die Autoren 173

Stichwortverzeichnis 175

Vorwort

Trainings- und Beratungsmaßnahmen können nur so gut sein wie die Diagnose oder Ist-Analyse, die ihnen vorangegangen ist. Auch der beste Trainer arbeitet sonst am Bedarf vorbei. In den letzten drei Jahrzehnten wurde eine Vielzahl von Diagnose- und Analyseverfahren entwickelt, die sehr unterschiedlich ansetzen: Von der Markt- und Unternehmensforschung, über die Mitarbeiterbefragung bis hin zu Mitfahrtagen bei Außendienstlern reicht das Spektrum. So verschieden die einzelnen Methoden auch sind – eines ist ihnen gemeinsam: Sie sind relativ zeit- und kostenaufwändig.

Die Methode der systemischen Aufstellung, deren erfolgreiche Anwendung in diesem Buch demonstriert wird, eignet sich zur Ergänzung der klassischen Methoden. Sie ermöglicht innerhalb weniger Stunden einen Überblick über komplexe Strukturen – und zeigt deren meist verborgene Hintergründe. Aufstellung als unaufwändige und damit Zeit und Kosten sparende Diagnosemethode kommt gerade heute vielen Unternehmern entgegen.

Systemische Aufstellung ist kostengünstig

Wie Aufstellungen genutzt werden können, wird von den Autoren dieses Buches, die ich seit 20 Jahren als Kollegen kenne, anhand praktischer Beispiele gezeigt:

> **Überraschende Lösungen sind das Ergebnis kompetenter systemischer Coachingarbeit.** Ob es um schwierige Fusionen geht oder um Teamkonflikte, ob Führungsprobleme das Thema sind oder Coaching in Mobbingsituationen – die Autoren begleiten ihre Kunden konsequent zum Ziel und demonstrieren auf diese Weise methodisches Neuland.

Vorwort

Wer Bewährtes mit Neuem ergänzt, verbreitet seine Wirkungsmöglichkeiten und den Erfolg seiner Klienten.

Als Gründer eines der ersten Trainingsinstitute Deutschlands und bis heute aktiver Berater, Trainer und Coach habe ich in den 33 Jahren meiner aktiven Trainer-, Berater- und Coachingtätigkeit viele Methoden kommen und gehen sehen. Viele waren nur alter Wein in neuen Schläuchen. Vieles, was mir vorgelegt wurde, erwies sich als in der Praxis ungeeignet.

Individuelle Arbeit statt Typologien

Schablonen taugen nun einmal nicht für die Entwicklung von zielorientierten, wertebestimmten und zielgruppenbezogenen Verhaltensweisen. Plumpes Einordnen in Typologien führt sich schon selbst ad acta. Würden die Typologien stimmen, bräuchte man nur die Menschen durch die Anzahl der angebotenen Typen zu dividieren und hätte dann lauter gleiche! Schon deshalb bin ich froh, dass die Autoren in diesem Buch praktisches Vorgehen und individuelle, persönlichkeitsachtende Arbeit demonstrieren.

Wie bei jedem wirksamen Mittel können auch bei der Aufstellung Nebenwirkungen auftreten. Deshalb ist es wichtig, dass ein solches Verfahren nur von entsprechend ausgebildeten Coaches angewandt wird. Die Autoren verfügen über solche Ausbildungen und jahrelange Erfahrungen.

So kann ich Ihnen, liebe Leser, mit gutem Gewissen wünschen, dass Sie aus den lebendig und spannend beschriebenen Praxisbeispielen dieses Buches höchstmöglichen Nutzen für Ihren Alltag ziehen.

Horst Rückle
Gründer des Horst Rückle Team (hr TEAM), Böblingen

Einführung

Mittlerweile gibt es wohl kaum jemanden im Wirtschaftsleben, der noch nichts von Organisationsaufstellungen gehört hätte. Die Methode steht in den Startlöchern für einen Boom. Woran liegt das?

Sie liefert nicht einfach alten Wein in neuen Schläuchen. Sie ist in ihrem Grundansatz qualitativ anders als andere gute Beratungsmethoden. Sie hat nicht das Problem, sondern die Lösung im Blick. Sie fragt nicht nach Ursachen, sondern nach Wirkungen. Sie kommt mit minimaler Information aus, kann in kurzer Zeit den „Knackpunkt" finden und Wendungen zeigen. Sie ist effektiver, schneller und kostengünstiger als andere bekannte Beratungsansätze. Und sie lässt sich hervorragend mit diesen kombinieren. Gründe genug für Pragmatiker, sich für systemische Organisationsaufstellungen zu interessieren.

Organisationsaufstellungen – ein effektives und schnelles Diagnosetool

Die Coaching-Welle hat bereits den Höhepunkt des Booms erreicht. Intensive Arbeit mit einem qualifizierten Coach ist bei Führungskräften so beliebt, dass viele sich weiterbilden, um nun selbst ihre Mitarbeiter zu coachen. So lobenswert dieses Engagement auch ist, so stößt die Doppelrolle als Chef und Berater doch zwangsläufig an Grenzen. Systemisches Coaching verlangt mehr: nämlich die strikte Trennung der Mandate.

> Wer zu den Betroffenen gehört, kann nicht gleichzeitig systemisch coachen, weil er als Systemmitglied die dafür unabdingbare Außenposition nicht einnehmen kann.

Einführung

Wie wichtig es ist, Zugehörigkeiten und Interessen klar auseinander zu halten, erleben wir in der Öffentlichkeit inzwischen täglich. Vielleicht ist deshalb der Zusatz „systemisch" auf dem Wege, ein Synonym für Qualität zu werden.

Systemisches Know-how ist für Unternehmen überlebenswichtig

Für unternehmerischen Erfolg ist systemisches Know-how ebenso notwendig wie wirtschaftliches. Es handelt sich dabei im Grunde mehr um „Be-how" als um Know-how. Denn nicht nur Faktenwissen ist hier gefragt, sondern gleichermaßen Weitblick und Gespür für die gelebte Kultur im Unternehmen. Unsere Werte, Einstellungen und Haltungen haben unmittelbare Wirkungen. Wenn Unternehmen ins Schleudern geraten, sind die weichen Faktoren in hohem Maße beteiligt. Systemisches Coaching ist für Führungskräfte eine Art Fahrertraining auf dem Glatteis des Führungsalltags.

Auch Fusionen können systemisch stabilisiert werden

Wie glatt dieses Eis sein kann, zeigt uns die anhaltende Fusionswelle mit Pleiten, Pech und Pannen. Ohne systemisches Know- und Be-how fehlt etwas Entscheidendes. So kommt es, dass sich Fachleute und Wirtschaftsführer riskante Fusionen schönrechnen und unbekümmert zwei Unternehmen zusammenzählen, nur weil sie zur gleichen Branche gehören. Überrascht vom heftigen Gegenwind der ignorierten Unternehmenssysteme kommen sie unweigerlich ins Rutschen. Weiterhin in Bilanzen, Analysen und Prognosen vertieft, schlittern sie sodann hilflos umher und wissen nicht mehr, wie sie die Kuh vom Eis rechnen sollen.

In einem der Kundenbeispiele in diesem Buch können Sie miterleben, wie eine ins Schleudern geratene Fusion durch systemische Intervention stabilisiert wird.

Qualifikation und Erfahrung erforderlich

In Schleudergefahr können aber auch Organisationsaufsteller selbst geraten. Das Familienstellen, von dem sich die Methode ursprünglich herleitet, breitet sich rasant um den

Erdball aus. Es ergänzt und erweitert das bekannte Therapiespektrum. Weil es, wie bei jeder Neuentwicklung, noch keine allgemein verbindlichen Ausbildungsstrukturen gibt, blüht mittlerweile ein buntes Blumenmeer von Familienaufstellern auf verschiedenen Wiesen und Feldern.

Natürlich sind auch Brennnesseln dabei, und das bewirkt Kritik. Sie bezieht sich meist auf schlechte Erfahrungen von Teilnehmern mit wenig kompetenten Aufstellungsleitern. Wer sich die Finger an solch einer Brennnessel verbrannt hat, schimpft mitunter fürchterlich auf die ganze Aufstellerei. In der Presse wird mit negativen Einzelfällen gern pauschal die gesamte Branche angegriffen, so als spräche der Kunstfehler eines Arztes allen Ärzten die Kompetenz ab.

Die lichte Seite der Medaille ist die Forderung nach Qualität:

Auch zum Aufstellen von Organisationen und Unternehmen benötigen die Anwender Qualifikation und Erfahrung. Neben einschlägigen Fortbildungen ist die Orientierung am jeweiligen Anliegen und der individuellen Lösung ein wichtiger Prüfstein für Professionalität.

Richtig angewandt sind Organisationsaufstellungen ein praktisches und effektives Beratungswerkzeug. Sie funktionieren, bringen Klarheit und eröffnen Lösungsperspektiven. Das ist es, was die Kunden interessiert und ihren Erfolg ausmacht.

Klarheit und Lösungsperspektiven

Dieses Buch ist für Praktiker und Pragmatiker geschrieben worden. Wir haben Erklärungen, Herleitungen und Theorien beiseite gelassen und geben Ihnen einen unmittelbaren Einblick in unsere Praxis.

Einführung

Für alle diejenigen, die nach der Lektüre des vorliegenden Buches auch die Hintergründe näher kennen lernen wollen, empfehlen wir unser Buch *Das verborgene Netzwerk der Macht* (siehe Literaturverzeichnis). Es liefert Ihnen weiterführende Information – und zusätzliche Praxisbeispiele.

Natürlich kommt auch ein Praxisbuch nicht ganz ohne Theorie aus. So finden Sie in den einzelnen Klientengeschichten eingestreute und in die Dialoge eingewobene Erklärungen, die Ihnen helfen, die systemische Vorgehensweise zu verstehen und einzuordnen.

Wir laden Sie ein, in den folgenden Kundenbeispielen mitzuerleben, wie Organisationsaufstellungen ablaufen und was sie konkret bewirken. Ebenso ausführlich können Sie sich über unser Vorgehen im systemischen Coaching informieren. Mit ihren unterschiedlichen Anwendungsgebieten ergänzen sich beide Methoden.

Sie begleiten vier unserer Klienten durch dieses Buch

In diesem Buch lernen Sie vier unserer Klienten kennen. Wir haben die Fälle so ausgewählt, dass sie ein möglichst breites Spektrum an Themen und Vorgehensweisen umfassen. Jeder Kunde bearbeitet ein Anliegen mit einer anderen Form der Organisationsaufstellung und eines mit einer Methode aus dem systemischen Coaching. Indem Sie diese vier Personen durch das Buch begleiten, bekommen Sie einen Überblick über verschiedene Verfahren und deren konkreten Nutzen. Die Fallgeschichten sind auf zwei Hauptkapitel aufgeteilt. Beide – „Aus der Aufstellungspraxis" (Kapitel 2) und „Aus der Coachingpraxis" (Kapitel 4) – beginnen mit einer kurzen Einführung ins Thema.

Im Anschluss finden Sie in Kapitel 5 einige praktische Übungen, mithilfe derer Sie beginnen können anzuwenden, wovon die vier Hauptpersonen dieses Buches profitiert haben.

Ein Vogelschwarm aus Tausenden von Vögeln ändert seine Richtung in einer siebtel Sekunde. Warum fällt uns das in unseren Unternehmen so schwer?

1. Systemische Aufstellung – Erfolgsradar für Ihre Projekte

Probleme im Unternehmen liegen oft woanders als vermutet

In jedem Unternehmen gibt es Situationen, in denen die klassischen Werkzeuge des Managements nicht greifen. Trotz sorgfältiger Analyse und konsequenter Maßnahmen geht es nicht voran. Betroffene hören dann häufig gut gemeinte Sprüche wie: „Du schaffst es, wenn du nur willst!"

Das ist aber häufig eine Illusion. Denn nur solche Schwierigkeiten können wir mit fokussierter Entschlusskraft überwinden, die sich auf unser eigenes Handeln beziehen, bei denen also eine gezielte Richtungsänderung möglich ist. Das sind aber leider die wenigsten! Die Mehrzahl der Probleme, mit denen Sie als Unternehmer, Manager oder Selbstständiger zu kämpfen haben, liegt nicht allein in Ihrer Hand. Deshalb bedürfen viele der bekannten Trainings- und Beratungsansätze der Ergänzung durch die systemische Perspektive.

Bei systemischen Hindernissen helfen herkömmliche Verfahren nicht

1. Systemische Aufstellung

> **Gleich ob Sie eher logisch-technische Ansätze bevorzugen oder auf die Kraft der Vision und des „positiven Denkens" bauen – Sie werden erfolgreicher damit sein, wenn es keine ausgeblendeten systemischen Hindernisse gibt.**

Das ist aber nach unserer Erfahrung in Unternehmen selten der Fall.

Einem Unternehmer, dessen Umsatz einbricht und dem die besten Fachkräfte abwandern, zu raten, er müsse sich nur innerlich für den Erfolg entscheiden, hilft ihm etwa so viel wie der Ratschlag: „Ihnen fehlt die nötige Liquidität für neue Investitionen? Machen Sie doch ein Finanzamt auf und versenden Sie Steuerbescheide!"

Unternehmenssysteme sind unbewusst gesteuert ...

Auch das viel zitierte „Prinzip Selbstverantwortung" greift zu kurz, wenn es um systemische Verstrickungen geht. Das Problem, das beispielsweise ein Vertriebsleiter mit seinem demotivierten Verkäuferteam hat, kann er nur lösen, wenn er dessen Wurzel erkennt. Auch wenn es so aussieht, als lägen Problem und Lösung bei einer Personengruppe, trügt oft der Schein.

Weder mit Sanktionen noch mit Incentives kommt unser Vertriebsleiter weiter. Selbst das begeisternde Feuerwerk eines bekannten Motivationstrainers durchdringt nicht den grauen Schleier der Resignation, der das Team lähmend einhüllt. Hier wäre eine systemische Betrachtung hilfreich. In einer Organisationsaufstellung wird möglicherweise sichtbar, dass die Musik an ganz anderer Stelle spielt. Beispielsweise könnte sich ein verborgen schwelender Machtkampf zwischen zwei Geschäftsführern um die richtige Produktpalette oder Preisgestaltung schwächend auf das Vertriebsteam auswirken. Wie ist das möglich, wenn die Verkäufer gar nichts von dem Streit wissen? Sie haben, wie wir alle, eine Art sechsten Sinn, vergleichbar dem Instinkt, der Zugvögeln zweifelsfrei die Richtung weist. Unbewusst spüren sie, dass etwas nicht stimmt, und reagieren unisono mit der gleichen Mutlosigkeit, obwohl sie individuell sehr unterschiedlich entschlossene und tatkräftige Menschen sein können.

Unternehmenssysteme lassen sich bildhaft mit einem Spinnennetz vergleichen: Auch wenn man es nur an einer Stelle berührt, bewegt sich das Ganze. Und ebenso wie die Fliege das Spinnennetz, das ihrem Flug ein Ende setzt, nicht sieht, können auch wir uns in komplexen und mächtigen Netzen verstricken. Klare Ziele und beste Prognosen bewahren uns nicht vor verborgenen Fallen. Wenn ein Unternehmensführer nicht erkennt, wo er gefangen und gefesselt ist, kann ihn auch der Befreiungsschlag durch das gnadenlose Schwert der Sanierer nicht retten.

… und gleichen Spinnennetzen

Das unsichtbare Netzwerk eines Unternehmens – das inoffizielle Organigramm – ist mächtiger als die Entscheidung des Einzelnen.

Doch wo die schlechte Nachricht zuerst genannt wird, folgt auch hier die gute: Der „sechste Sinn", der uns auf systemische Schieflagen negativ reagieren lässt, bewirkt nicht nur Misserfolg. Ganz im Gegenteil! Ähnlich wie unser Körpersystem in der Abwehr gefährlicher Keime Fieber produziert, kreiert auch ein Unternehmenssystem Symptome für einen guten Zweck: die Problemerkenntnis. Unternehmerischer Erfolg ist demnach umso leichter erreichbar, je mehr Sie das ganze Netzwerk im Blick haben und im Einklang mit ihm handeln.

Systemische Stimmigkeit erzeugt Synergie

1. Systemische Aufstellung

Wollen Sie ein aktuelles Problem lösen oder ein Ziel erreichen? Dann halten Sie einen Augenblick inne. Sägen Sie nicht einfach los – schärfen Sie zunächst Ihre Säge! „Positiv denken" allein reicht nicht aus, wenn Ihr Werkzeug stumpf und Ihre Position zum Baum gefährlich ist. Stellen Sie sich aber mit geschärfter Säge im richtigen Winkel auf und finden den geeigneten Ansatzpunkt, so haben Sie alle Chancen, dass der Baum in die gewünschte Richtung fällt.

Was beim Baumfällen jeder leicht einsieht, kann uns auch in der Unternehmensführung helfen, fatale Fehler zu vermeiden: Finden Sie heraus, wie Sie zu Ihrer Firma, zu Ihren Kunden und Ihren Zielen aufgestellt sind! Überprüfen Sie, was wie wirkt, bevor Sie handeln! Werfen Sie einen Blick auf das Unternehmenssystem, in das Sie eingebunden sind!

Systemische Aufstellungen zeigen den Weg aus der Sackgasse

Die systemische Organisationsaufstellung ermöglicht Ihnen diesen Überblick. Sie kann in Unternehmen wie ein Navigationsinstrument eingesetzt werden. Plötzlich sehen Sie genau, in welche Sackgasse Sie geraten sind. Sie erkennen, wo erfolgshindernde Engpässe liegen oder was Ihnen noch fehlt, um Ihr Ziel zu erreichen.

Systemische Organisationsaufstellung nennen wir auch „Change-Management-Simulation".

> Ähnlich wie sich technische Prozesse in einem Produktionsablauf simulieren lassen, kann man auch das menschliche Beziehungsgeflecht, von dem der Erfolg maßgeblich abhängt, durch ein Simulationsverfahren abbilden. Wege zu effektiverer Kommunikation und erfolgreicherer Zusammenarbeit im Unternehmen werden dabei deutlich.

Systemische Simulationen können beispielsweise helfen herauszufinden, was im Vorfeld zu beachten ist, damit eine Fusion zwischen zwei Unternehmen gelingt. Wie heikel ein solcher Integrationsprozess ist, zeigt die Praxis. Immer öfter wird von massiven Problemen nach einer „Elefantenhochzeit" berichtet. Auch die tägliche Erfahrung in der Unternehmensberatung weiß ein Lied davon zu singen.

Erfolgsradar, z. B. bei Fusionen

Dabei wird gleichzeitig deutlich, was „systemisch" praktisch bedeutet. Wir werfen einen Blick auf die Folgen für das ganze „System" – also die beteiligten Unternehmen, Märkte, Netzwerke und vor allem auf die Menschen, die in diese Veränderung involviert oder von ihr betroffen sind.

Dieser Blick hat etwas von einem Röntgenblick, weil er die Fassade durchdringt und unter der scheinbar intakten Oberfläche etwas Verborgenes sichtbar macht. Und er geht in die Weite, wo er wie ein Radar Hindernisse zeigt, die weder mit bloßem Auge noch mit betriebswirtschaftlichem Fernglas zu erkennen sind.

Im Gegensatz zur systemischen steht die analytisch-fachliche Betrachtungsweise. Entscheider in den Unternehmen sind zumeist Betriebswirte oder Techniker, die bei einer Fusionsentscheidung Marktanteile, Wachstumspotenziale oder „Synergieeffekte" analysieren. Stimmen die Zahlen und bekommen die Börsianer bereits in Vorfreude rote Wangen, heißt es „Go!".

Aus systemischer Sicht ist solche Unbekümmertheit um die tieferen Wirkungen und Folgen für die betroffenen Unternehmen auf geradezu fatale Weise naiv. Sie erinnert an Karikaturen, in denen die Witzfigur nichts ahnend auf einer Bombe sitzt und sich an der brennenden Lunte gemütlich eine Zigarette anzündet. Leider hilft auch das böse Erwachen bei der ersten Jahresbilanz nach einer schwierigen Fusion

Ohne systemischen Durchblick handeln Unternehmensführer fahrlässig

1. Systemische Aufstellung

wenig, wenn das entscheidende Know-how zum Steuern menschlicher Systeme fehlt.

Systemisches Wissen gehört nicht zur Ausbildung

Bis heute verlassen die meisten Absolventen der Wirtschaftswissenschaften ihre Universitäten und Business Schools, ohne von systemischen Wirkungen in Unternehmen auch nur gehört zu haben. Diese Situation wird sich nach unserer Einschätzung in den nächsten Jahren gründlich ändern. Denn in unserer global vernetzten Welt können Unternehmensführer und Manager, die strategisch und verantwortlich denken und handeln, es sich nicht mehr leisten, auf systemischen Durchblick zu verzichten.

Wie eine systemische Aufstellung funktioniert

Wir möchten Ihnen im Folgenden einige praktische Hinweise geben, wie eine systemische Aufstellung abläuft.

> Eine Aufstellung zeigt Ihnen ein verdichtetes räumliches Bild Ihres Unternehmens oder Ihres Teams.

Definition des Anliegens

Um Ihre Wirklichkeit so konkret wie möglich abzubilden, definieren Sie zuvor Ihr Anliegen. Unser Vertriebsleiter aus obigem Beispiel könnte seines so formulieren: „Ich möchte herausfinden, wie ich unser Team wieder auf Erfolgskurs bringen kann!"

Unter Leitung der Trainer sucht er nun, etwa in einem offenen Seminar, neutrale Stellvertreter für die beteiligten Personen, Abteilungen oder Themen. Er stellt sie, ohne zu überlegen, also seinem „sechsten Sinn" folgend, so im Raum auf, wie es seinem inneren Bild der Wirklichkeit im Unternehmen entspricht. Aus dieser Konstellation können, unter

Anleitung qualifizierter systemischer Coaches, die verborgenen Dynamiken sichtbar werden.

Über das Feedback der Stellvertreter, die keine Information über das von ihnen repräsentierte System haben, arbeiten die Aufstellungsleiter das verdeckte Problem heraus. Sie brauchen dafür nichts als deren unmittelbare Wahrnehmung in der aufgestellten Konstellation.

Der Stellvertreter für das müde Vertriebsteam sagt z. B.: „Ich kann die Kunden gar nicht sehen, muss aber wie gebannt auf die beiden Geschäftsführer schauen." Das Blatt wendet sich unerwartet: Die Stellvertreter der Chefs haben keinen Blick für ihr Unternehmen. Sie sind voll damit beschäftigt, sich gegenseitig aggressiv ins Visier zu nehmen. Der Kundenstellvertreter zieht sich derweil zurück und blickt interessiert zum Mitbewerber. Da zischt der junge Geschäftsführer seinen älteren Kollegen an: „Auch wenn wir dabei Kunden verlieren – ich setze mich gegen Sie durch!"

Daraufhin wendet sich der Kunde gänzlich vom Unternehmen ab und der Seminarteilnehmer, der für das Vertriebsteam steht, kann, obwohl er gut ausgeschlafen ist, vor Müdigkeit kaum noch die Augen offen halten.

Unser Vertriebsleiter sieht plötzlich, was durch die Alltagsbrille so schwer zu erkennen war: das Offensichtliche! Ganz klar und unmittelbar wird ihm deutlich, was hier abläuft. Daraufhin entwickelt der Coach mit den Beteiligten ein Lösungsbild, in dem Hindernisse ausgeräumt, Ressourcen freigesetzt und das gemeinsame Ziel wieder in den Blick gerückt ist. Dieses Bild ist noch nicht die Lösung, aber es zeigt, wie sie aussehen kann und was dafür notwendig ist.

Das Offensichtliche wird sichtbar

Sie werden sich vielleicht fragen, wie so etwas funktioniert. Niemand weiß bis heute darauf eine schlüssige Antwort. Für

1. Systemische Aufstellung

das Wissen über uns Menschen gilt umso mehr der Satz, den Werner Heisenberg für die Naturwissenschaft prägte: „Wir müssen zugeben, das unser Wissen über grundloser Tiefe schwebt." Wir wissen aber, *dass* es funktioniert. Für die praktische Arbeit reicht dies aus.

In den nachfolgenden Fallbeispielen erfahren Sie, wie die Methode der systemischen Organisationsaufstellung in der Praxis angewandt wird und wie Sie von ihr profitieren können.

2. Aus der Aufstellungspraxis

Die nachfolgenden Fälle beschreiben wir für Sie in erzählerischer Form, damit Sie die Themen der einzelnen Personen[1] und die systemischen Dynamiken in ihrem Arbeitsumfeld möglichst anschaulich nachvollziehen können. Auf eine detaillierte Protokollierung der Aufstellungen verzichten wir hier zugunsten noch leichterer Lesbarkeit.

Vier Klienten aus verschiedenen Berufsfeldern begleiten uns mit ihren Themen und Anliegen durch das folgende Kapitel: **Vier unterschiedliche Berufsfelder**

- **Alfons Gutbrodt**, ein mittelständischer Unternehmer, befindet sich geschäftlich auf Expansionskurs und sieht sich dabei mit den systemischen Folgen von Fusionen und Akquisitionen konfrontiert.
- **Marita Roth** arbeitet als Personalleiterin in einem Hamburger Verlagshaus. Sie möchte Konflikte in Abteilungsteams systemisch lösen.
- **Paul Schnell** ist Gründer eines Start-up-Teams der IT-Branche, das sich zur börsennotierten AG entwickelt hat und nun vor Problemen steht.
- **Barbara Berg** wird gleich zu Beginn ihrer Trainertätigkeit in eine schwierige Situation bei ihrem Kundenunternehmen verwickelt. Nun sucht sie Klarheit in einer Supervisionsaufstellung.

---

[1] Die Namen der Personen und Unternehmen wurden zum Schutz unserer Kunden so verändert, dass sie nicht mehr identifizierbar sind. Übereinstimmungen mit lebenden oder verstorbenen Personen und deren Unternehmen sind unbeabsichtigt und wären rein zufällig.

2. Aus der Aufstellungspraxis

Nach der Bearbeitung ihrer Anliegen in einer systemischen Aufstellung werden Sie allen vier Personen in Kapitel 4 „Aus der Coachingpraxis" wieder begegnen. Dort geht es einigen um die Umsetzung von Aufstellungsergebnissen im Alltag, anderen um neu aufgetretene Fragen und Probleme, die sie im Coaching lösen möchten.

2.1 „Was habe ich mir da eingekauft?" Der hohe Preis einer Akquisition (Inhouse-Aufstellung)

Das Problem im Unternehmen

Alfons Gutbrodt, 62, leitet ein Unternehmen, das für seine hochwertigen Produkte in der Sicherheitstechnik bekannt ist. Als junger Mann hat er sich selbstständig gemacht, sein Unternehmen durch alle Krisen geführt und trotz mancher Rückschläge weiter aufgebaut. Heute beschäftigt er 3.000 Mitarbeiter, von denen etwa zwei Drittel im süddeutschen Stammwerk, die übrigen in einer österreichischen Niederlassung beschäftigt sind.

Die Situation — Momentan befindet sich die *Gutbrodt AG* in einer Phase schwunghafter weiterer Expansion. Diese möchte der Chef nutzen, um sein Unternehmen auch international gut für die Zukunft aufzustellen. Als ersten Schritt hat er kürzlich seinen Hauptmitbewerber, eine Firma mit 1.000 Mitarbeitern in Finnland, in der Erwartung gekauft, mit dieser Übernahme seine Marktposition auszubauen und zugleich drückende Kapazitätsengpässe für die Lieferung nach Osteuropa zu beheben.

Der Umsatz des akquirierten Unternehmens bricht ein — Weitere strategische Akquisitionen sind in der Planung; seine Analysten und Berater geben grünes Licht, als sich der Himmel für ihn unerwartet verdunkelt. Der Umsatz bei der finnischen Tochter bricht dramatisch ein, der Wert der

2.1 „Was habe ich mir da eingekauft?"

Gutbrodt-Aktie, der lange Zeit auf hohem Niveau stabil war, sinkt rapide.

Alfons Gutbrodt fackelt nicht lange und ersetzt den finnischen Geschäftsführer durch seinen besten Mann, den deutschen Vertriebsvorstand, der dort wieder für schwarze Zahlen sorgen soll. Leider gelingt das nicht.

Der Hauptaktionär der *Gutbrodt AG*, eine englische Investorengruppe, ist von dieser Entwicklung „not amused" und macht kräftig Druck. Auch die Hausbanken geben ihm zu verstehen, dass sie diese Entwicklung „mit großer Sorge" betrachteten, und legen ihm nahe, die unrentable Investition wieder flüssig zu machen. Seine Strategieberater empfehlen Gutbrodt dagegen durchzuhalten. Die Entscheidung sei richtig, der Markt reagiere jetzt zwar nervös, werde sich aber mit Sicherheit wieder entspannen.

Doch Alfons Gutbrodt traut der Sache nicht. Sein „Bauchgefühl", das ihn bisher noch nie getrogen hat, sagt ihm, dass etwas an der Sache faul ist. Aber was? Durch Empfehlung eines unserer Kunden, einem mit Gutbrodt befreundeten Unternehmer, wendet er sich an uns und lädt uns zu einem Kennenlerngespräch ein.

Im Besprechungsraum des Vorstandes begrüßt uns Herr Gutbrodt, ein grauhaariger, dynamisch wirkender Mann, und stellt uns auch den neuen Chef der finnischen Tochter, Herrn Schmidt, sowie seinen Strategieberater, Herrn Dr. Klüver, vor. „Normalerweise glaube ich ja nicht an dieses psychologische Zeug", beginnt Herr Gutbrodt, „aber als ich in Ihr Buch hineingelesen habe, wurde mir klar, dass etwas dran sein muss. Funktioniert das denn wirklich, so eine Aufstellung?"

Erstes Gespräch mit Skeptikern

2. Aus der Aufstellungspraxis

Wir bejahen und illustrieren unsere Erfahrung mit einigen Beispielen. Herr Gutbrodt schildert uns daraufhin die Situation nach seiner finnischen Akquisition und fragt, ob man mittels Aufstellung herausbekommen könne, was dort schief liege.

Wir erklären, dass gerade bei Akquisitionen und Fusionen oft in bester Absicht, aber in Unkenntnis systemischer Wirkungen fatale Fehler gemacht würden, und geben ihm einige Beispiele.

Nun schaltet sich Herr Dr. Klüver ein, der bisher mit skeptischer Miene zugehört hat.

Dr. Klüver: „Ein Unternehmen muss sich strategisch an seinen Zielen ausrichten, den Markt beobachten und zum richtigen Zeitpunkt die richtige Entscheidung treffen. Das haben wir getan. Das zugekaufte Unternehmen war zum Zeitpunkt der Übernahme gesund. Die Turbulenzen, die wir gegenwärtig erleben, sind Auswirkungen der internationalen Entwicklungen. Ob wir da mit so einem Rollenspiel weiterkommen? Da bin ich doch sehr skeptisch."

Coach: „Sie haben sicherlich sorgfältig die Rahmenbedingungen analysiert, Herr Dr. Klüver, und Ihre Empfehlung zum Kauf aufgrund solider Daten abgegeben."

Dr. Klüver: „Natürlich. Wir haben die langfristigen Trends analysiert und die Situation drei Jahre nach der Übernahme präzise simuliert. Unser Forecast steht nach wie vor, ungeachtet der momentanen Umsatzschwäche."

Prognose durch weiche Faktoren **Coach:** „Was wäre, wenn Sie Ihre Prognose aus Sicht des Strategieexperten durch eine Simulation der ‚weichen Faktoren', also der Perspektiven der übrigen Beteiligten, ergänzen könnten?"

Dr. Klüver: „Das wäre natürlich hochwillkommen, aber wie wollen Sie denn diese Daten gewinnen?"

Coach: „Genau darum geht es in der systemischen Aufstellung. Wir bekommen ein umfassenderes Bild, indem wir die subjektive Sicht der Beteiligten und deren Wirkung auf das Unternehmen simulieren. Sie zapfen gewissermaßen die unbewussten Informationen im Unternehmen an und gewinnen ein Bild von seiner zweiten, verborgenen Strategie. Das ergänzt Ihre zahlengestützte Analyse und beleuchtet Ihre Ergebnisse aus einer anderen Perspektive."

Aufstellungen ergänzen klassische Beratungsarbeit

Herr Gutbrodt: „Sehen Sie, Herr Klüver, das meinte ich auch in unserem letzten Gespräch. Ich konnte es nur nicht so ausdrücken. Aber ich habe schon immer den richtigen Riecher gehabt. Der hat mir bei allen wichtigen Entscheidungen den Weg gewiesen, neben den Zahlen natürlich.

Und jetzt sagt mir mein Bauchgefühl, dass nicht nur die Märkte an unserem Umsatzeinbruch schuld sind. Ich frage mich schon, was ich mir da bloß eingekauft habe! Etwas stinkt gewaltig in Finnland, und ich möchte wissen, was es ist. Herr Schmidt, was sagen Sie dazu?"

Herr Schmidt (neuer deutscher Chef der finnischen Tochterfirma): „Interessant klingt das schon, diese Organisationsaufstellung, obwohl ich mir nicht vorstellen kann, wie das funktionieren soll.

Aber auch ich habe das Gefühl, dass wir in Finnland irgendetwas falsch machen, und das hat nichts mit Investitionsplänen zu tun. Also, wenn wir herausbekämen, wo es da klemmt, wäre das natürlich sehr hilfreich!"

Herr Gutbrodt: „Vor allem für Sie, mein lieber Schmidt, denn eines klemmt bestimmt nicht: der Schleudersitz, auf dem Sie sitzen!" *(lacht)*
(An uns gewandt:) „Was schlagen Sie uns vor? Wie kriegen wir die Kuh vom Eis?"

Coach: „Wenn Sie sich dafür entscheiden, mit uns zu arbeiten, brauchen wir eine Gruppe von 6 bis 8 Personen, die nicht unmittelbar in das Geschehen in Finnland

Auch Unternehmensangehörige können mitwirken

eingebunden sind. Wer könnte das in Ihrem Unternehmen sein?"

Herr Gutbrodt: „Wir haben Ende des Monats unser Strategiemeeting. Da kommen alle Vorstände und die Bereichsleiter zusammen. Auch die Österreicher, die mit dem finnischen Projekt nichts zu tun haben, sind dabei. Wie ich sie kenne, haben sie noch nicht mal etwas davon gehört!"

Coach: „Gut, mit diesem Personenkreis können wir arbeiten. Wir brauchen von Ihnen vorher noch einige Informationen, damit wir entscheiden können, was und wie wir aufstellen."

Herr Gutbrodt: „Schießen Sie los!"

Coach: „Wie hieß die finnische Tochter vorher, und wie heißt sie jetzt?"

Herr Gutbrodt: „Na, jetzt heißt sie natürlich *Gutbrodt Finnland* – vorher trug sie den Namen des Gründers *Kikonen*."

Coach: „Was ist aus ihm geworden?"

Herr Gutbrodt: „Der hat sich schon lange zurückgezogen, ist nur noch Gesellschafter und hat sich Manager von außen geholt, die das Unternehmen führen – heute allerdings unter dem wachsamen Auge unseres Herrn Schmidt."

Coach: „Wie haben die Mitarbeiter auf die Übernahme reagiert?"

In der Krise wurde der Vorstand ausgewechselt

Herr Gutbrodt: „Anfangs recht positiv. Bei den Betriebsversammlungen gab es ordentlich Beifall, wenn ich unsere gemeinsame Zukunft beschworen habe. Aber dann wurden sie zusehends müder und lustloser. Auch die Führungskräfte haben die Zügel schleifen lassen. Ich habe mir das eine Weile angeschaut. Als dann aber der Umsatz zurückging, musste ich handeln. Das war der Zeitpunkt, zu dem ich Herrn Schmidt, unseren besten Mann, hinübergeschickt habe. Er hat dort den Vorsitz vor den finnischen Managern übernommen."

2.1 „Was habe ich mir da eingekauft?"

Coach: „Herr Schmidt, wie haben Sie die Situation in Finnland erlebt, und welche Entscheidungen haben Sie getroffen?"

Herr Schmidt: „Es war genau so, wie es Herr Gutbrodt geschildert hat. Wenig Initiative, kaum Verantwortungsgefühl bei den Führungskräften, die Kunden bröckelten weg.

Daraufhin habe ich mir mit meiner Generalvollmacht als neuer Boss von *Kikonen* das Vertriebssystem vorgenommen und es mal richtig auf Vordermann gebracht. Von strategischem Verkaufen und Key-Accounts hatten die Finnen noch nicht viel mitbekommen …"

Coach: „Augenblick mal, Herr Schmidt, sagten Sie eben, Sie seien Boss von *Kikonen* geworden? Habe ich das vorhin falsch verstanden, dass die finnische Tochter jetzt *Gutbrodt* heißt?"

> Der ursprüngliche Unternehmensname wurde gestrichen

Herr Schmidt: „Das haben Sie schon richtig verstanden. Heute heißt die Firma *Gutbrodt Finnland*. Ich verwechsle den Namen manchmal noch, wie übrigens die Finnen auch. Das kommt wohl daher, dass ich so viel mit ihnen zusammenarbeite.

Kurz nach der Übernahme haben wir auch die Namensangleichung vorgenommen, damit alles ‚aus einem Guss' ist. Aus *Kikonen* wurde *Gutbrodt Finnland*. Davon haben wir uns auch einen Motivationsschub versprochen. Die können doch stolz darauf sein, dass sie jetzt zu einer international operierenden Unternehmensgruppe gehören und nicht mehr ein finnischer Provinzladen sind."

Coach: „Aha. Das ist ein wichtiger Punkt. Hat sich Ihre Hoffnung denn erfüllt?"

Herr Schmidt: „Bisher noch nicht. Deshalb sitzen wir ja hier zusammen. Der Umsatz bricht weiter weg, und zwar dramatisch! Ich verstehe das nicht. Der Markt ist da. Und was noch merkwürdiger ist: Der Umsatz geht nicht nur in Finnland zurück, sondern plötzlich auch in Osteuropa, wo wir vor kurzem noch eine so starke Nachfrage hatten, dass wir mit unseren Lieferungen kaum nachkamen.

(An Herrn Gutbrodt gewandt:) Dafür können Sie mir aber jetzt kein Feuer unterm Stuhl anzünden, Chef, das ist ja nicht mehr mein Bier!"

Herr Gutbrodt: *(scherzhaft zum Coach)* „Da haben Sie es! Abteilungsdenken überall. Was habe ich mir da bloß für Fürsten herangezogen! Nein, Scherz beiseite, Herr Schmidt ist mein bester Mann. Wenn er das nicht packt, liegt es nicht an ihm, da bin ich sicher. Also, was sagen Sie, was läuft da schief? Was machen wir falsch?"

Dr. Klüver: „Das würde mich jetzt auch mal interessieren, welche Lösung Sie vorschlagen.

Man hört ja wahre Wunder von den systemischen Beratern. Das soll ja schon fast an Wahrsagerei grenzen, wie sie blitzartig wissen, was los ist, und das Problem dann auch im Handumdrehen lösen."

Aufstellungen sind kein Zaubermittel

Coach: *(lacht)* „Nein, diesem Erfolgsdruck möchten wir uns nicht aussetzen. Der entscheidende Vorteil der systemischen Vorgehensweise für uns liegt darin, dass nicht wir die Lösung kennen, sondern Sie. Nur wissen Sie nicht, wo sie sich verbirgt. Und wir helfen Ihnen, sie zu finden. Das geht mithilfe der Aufstellung allerdings manchmal wirklich überraschend schnell."

Herr Gutbrodt: „So, so, es gibt zwar eine Lösung, aber Sie kennen die gar nicht, sondern wir? Das gefällt mir. Dann brauchen wir Ihnen dafür ja auch kein Honorar zu zahlen!"

Coach: „Unser Honorar zahlen Sie in der Tat nicht für die Lösung, Herr Gutbrodt. Wenn wir die Lösung hätten und nicht Sie, könnten wir ja einen Mondpreis fordern und Ihnen dafür die Lösung verkaufen. Das wäre zwar nicht schlecht für uns, mit einer Aufstellung Millionen zu verdienen, aber wir hätten uns damit als systemische Berater disqualifiziert. Wir hätten dann noch nicht einmal die Grundlagen systemischen Ausgleichs verstanden.

2.1 „Was habe ich mir da eingekauft?"

Nein, die Lösung gehört Ihnen, nicht uns, genau wie ja auch das Problem Ihnen und nicht uns gehört.

Lassen Sie mich Ihnen ein Beispiel erzählen, damit Sie gar nicht erst auf die Idee kommen, über unser Honorar zu verhandeln!

Einem Maschinenbauer geht seine wichtigste Fertigungsstraße kaputt. Die Monteure schrauben überall herum, bekommen die Anlage aber nicht wieder flott. Auch der Herstellerservice ist ratlos und telefoniert in der Welt bei anderen Herstellern herum, während die gesamte Produktion weiterhin stillsteht.

Schließlich bekommt der Unternehmer den Tipp, dass ein bestimmter, sehr teurer Experte für technische Systeme solche Defekte schon öfter behoben hat. Er engagiert ihn sofort. Der Experte sieht sich die Maschine kurz an, öffnet seinen Werkzeugkoffer und dreht mit einem kleinen Spezialschraubenzieher an nur einer Schraube. Er startet, und die Anlage läuft wieder einwandfrei. Alle sind hellauf begeistert, bis der Experte seine Rechnung stellt: 10.000 Euro. ‚Bei allem Respekt', meint der Unternehmer, ‚aber 10.000 Euro für das Drehen einer Schraube erscheint mir doch ziemlich hoch!'

‚O.k.', antwortet der Experte, ‚ich korrigiere meine Rechnung! Ich berechne Ihnen einen Euro für das Drehen einer Schraube und 9.999 Euro für das Wissen, welche Schraube gedreht werden muss.'"

Herr Gutbrodt: „Das gefällt mir! Also, lassen Sie uns solch eine Aufstellung durchführen! Hoffentlich kosten Sie nicht auch 10.000 Euro!"

Problem und Lösung gehören dem Klienten

Die Aufstellung

Im Schulungszentrum des Unternehmens finden sich zum vereinbarten Termin Herr Gutbrodt, Herr Schmidt, 12 Führungskräfte der Gutbrodt Unternehmensgruppe, der Strategieberater Dr. Klüver mit zwei Kollegen und wir ein. Wir erläutern den Anwesenden die Grundzüge systemischer

2. Aus der Aufstellungspraxis

Aufstellungsarbeit, geben verschiedene Beispiele und beantworten Fragen. Nach einer Pause beginnen wir die Aufstellung. Fokus (Aufstellender) ist Herr Gutbrodt.

Die Formulierung des Anliegens ist wichtig

Coach: „Herr Gutbrodt, obwohl alle Anwesenden wissen, worum es geht, bitten wir Sie, Ihr Anliegen noch einmal auf den Punkt zu bringen. Wie wir vorhin erklärt haben, benötigen wir ein präzise formuliertes Anliegen, damit die Aufstellung einen klaren Lösungsimpuls erhält."

Herr Gutbrodt: „Mir geht es darum, die Ursache für den massiven Umsatzeinbruch in unserem Unternehmen seit unserer finnischen Akquisition zu erfahren und diesen umzukehren. Ich möchte wieder schwarze Zahlen und unseren Wachstumskurs fortsetzen."

Coach: „Gut. Jetzt definieren wir die Unternehmensteile und Personen, die wir für die Aufstellung benötigen. Ganz offensichtlich gehört die *Gutbrodt AG* dazu, ebenso die finnische Tochter. Weiter interessieren uns diejenigen, an deren Verhalten Sie Ihren Erfolg sofort überprüfen können: Ihre Kunden.

Wir schlagen Ihnen eine Mischung von Personen, Themen und Unternehmen vor. Da wir den Eindruck haben, dass die *Gutbrodt AG* sehr stark mit der Person ihres Gründers und Chefs verbunden ist, möchten wir ihn anstelle des Unternehmens aufstellen. Weiterhin brauchen wir das Ziel des Unternehmens, einen Stellvertreter für die Kunden, einen weiteren für das Ursprungsunternehmen *Kikonen*, einen Stellvertreter für die *Gutbrodt Finnland* und einen für Herrn Schmidt. Die beiden Letztgenannten kommen aber erst später dazu. Wir fangen möglichst einfach an."

Die Ursprungsunternehmen gehören dazu

Teilnehmer: „Wozu brauchen wir denn die Fa. *Kikonen*? Die gibt es doch überhaupt nicht mehr!"

Coach: „Für die Finnen gibt es die schon noch. Herr Schmidt berichtete, dass sie meist noch diesen Namen verwenden und er selbst sich auch häufig dabei ertappt."

2.1 „Was habe ich mir da eingekauft?"

Bei der Auswahl der Stellvertreter achten wir darauf, dass Herr Gutbrodt Personen auswählt, die in das Thema nicht unmittelbar involviert sind. Er trifft folgende Wahl:

Personen/ Positionen	Stellvertreter in der Aufstellung
Alfons Gutbrodt (Fokus)	ein Beraterkollege von Dr. Klüvers
Kunden	der deutsche Einkaufsleiter
Ziel	der deutsche Entwicklungsleiter
Fa. Kikonen	der österreichische Produktionsleiter
Gutbrodt Finnland	der zweite Beraterkollege von Dr. Klüvers
Schmidt	der österreichische Geschäftsführer

Wir bitten Herrn Gutbrodt, zunächst nur den Fokus, das Ziel, die Kunden und die Fa. *Kikonen* aufzustellen, um einen Eindruck von der Situation im Zuge der Übernahme vor der Umbenennung des finnischen Unternehmens zu erhalten.

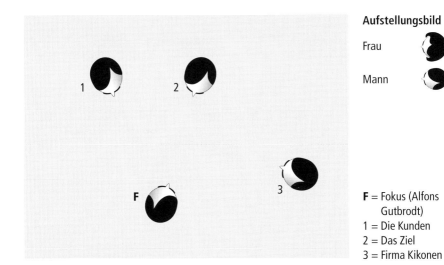

Aufstellungsbild

Frau

Mann

F = Fokus (Alfons Gutbrodt)
1 = Die Kunden
2 = Das Ziel
3 = Firma Kikonen

2. Aus der Aufstellungspraxis

Er beginnt mit seinem Stellvertreter, dem Fokus (Position F), den er dem Ziel (Position Nr. 2) gegenüber aufstellt. Sie haben Blickkontakt. Die Kunden (Position Nr. 1) platziert er an der rechten Seite des Ziels mit Blickkontakt zum Fokus und zur Fa. *Kikonen* (Position Nr. 3), die er weit rechts neben dem Fokus positioniert.

Auf Nachfrage des Coach zeigen sich Fokus und Ziel zufrieden und stark. „Eine gute Partnerschaft", äußert der Fokus. Der Stellvertreter der Kunden ist ganz auf den Fokus orientiert. Wenn er zur Fa. *Kikonen* schaut, wird er zögerlich: „Sympathie, aber auch ein mitleidiges Gefühl". *Kikonens* Stellvertreter tritt unruhig von einem Fuß auf den anderen. „Ich stehe hier auf dem Absprung", meint er.

Die Wirkung der Übernahme wird überprüft

Der Coach bittet nun die Stellvertreter für die *Gutbrodt Finnland* (Position Nr. 4) und Herrn Schmidt (Position Nr. 5) dazu und positioniert sie links neben dem Fokus. Damit will er den Einfluss der Umbenennung und direkten Leitung durch einen Manager des Käuferunternehmens überprüfen.

Die Veränderung ist verblüffend: Fa. *Kikonen* schaut einige Augenblicke irritiert, dreht sich dann rechts aus der Konstellation heraus und entfernt sich mehrere Schritte. Die Kunden folgen dem Stellvertreter einen Schritt und schauen ihm wie gebannt nach. Das Ziel geht mehrere Schritte zurück.

Der Fokus schaut unruhig von einem zum anderen, der Stellvertreter der *Gutbrodt Finnland* wird so müde, als könne er sofort einschlafen, und Herr Schmidts Repräsentant berichtet, er fühle sich unter Druck „wie ein bis zum Zerreißen aufgezogenes Uhrwerk" und gleichzeitig völlig machtlos.

2.1 „Was habe ich mir da eingekauft?"

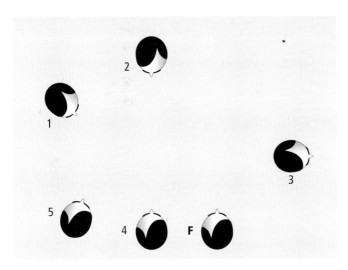

Aufstellungsbild 2

Frau

Mann

F = Fokus (Alfons Gutbrodt)
1 = Die Kunden
2 = Das Ziel
3 = Firma Kikonen
4 = Gesamtunternehmen „Gutbrodt Finnland"
5 = Herr Schmidt

Coach: *(zu Herrn Gutbrodt, der das Geschehen gespannt beobachtet)* „Was sagen Sie dazu, Herr Gutbrodt?"

Herr Gutbrodt: „Das ist ja unglaublich! Wenn unsere Kunden nur noch Augen für die gestorbene Fa. *Kikonen* haben und unser Ziel ins Wanken gerät, brauchen wir uns über unseren Umsatzeinbruch nicht zu wundern. Das wäre ja eine Katastrophe! Kann das denn sein?"

Coach: „Das geschieht leider bei vielen Akquisitionen und Fusionen, wenn die systemische Ebene außer Acht gelassen wird. Jetzt schauen wir mal, was wir hier tun können."

Die Dynamik wird sichtbar

Der Coach bittet den Stellvertreter der Fa. *Kikonen*, sich umzudrehen und sich dem Fokus und Herrn Schmidts Stellvertreter gegenüberzustellen.

Die Atmosphäre zwischen den Repräsentanten ist gespannt. Nach einer Weile interveniert der Coach und fordert den Fokus und Herrn Schmidts Stellvertreter auf, der Fa. *Kikonen* zu sagen: „Wir haben Sie ins Abseits gestellt und Ihre Eigenständigkeit nicht gewürdigt. Das tut uns Leid!"

2. Aus der Aufstellungspraxis

Würdigungen bringen den Lösungsprozess voran

Der Stellvertreter der Fa. *Kikonen* entspannt sich etwas und erwidert den Blickkontakt.

Nach einigen Augenblicken bittet der Coach, die beiden zu ergänzen: „Sie sind für uns ein wichtiger und starker Partner. Wir hätten Sie gern an unserer Seite auf dem Weg zum gemeinsamen Ziel."

Auch darauf reagiert Fa. *Kikonen* mit nonverbaler Zustimmung. Auf Anregung des Coach ergänzt deren Stellvertreter: „Jetzt bin ich dabei. Sie als stärkerer Partner eröffnen auch für uns eine neue Zukunft."

Der Coach stellt nun Fa. *Kikonen* links neben den Fokus, die Fa. *Gutbrodt Finnland* links neben sie und an ihre linke Seite den Stellvertreter von Herrn Schmidt.

Nach einer Weile pendeln sich die Blicke des Kunden auf diese Gruppe ein, und das Ziel kommt wieder einen Schritt näher.

Lösungsbild

 Frau

 Mann

F = Fokus (Alfons Gutbrodt)
1 = Die Kunden
2 = Das Ziel
3 = Firma Kikonen
4 = Gesamtunternehmen „Gutbrodt Finnland"
5 = Herr Schmidt

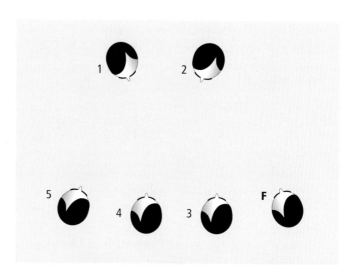

Zum Abschluss nehmen Herr Gutbrodt und Herr Schmidt die Plätze ihrer Stellvertreter ein, damit sie die Konstellation selbst erleben können. Damit ist die Aufstellung beendet.

Im Lösungsbild kommt das Ziel in den Blick

Wie es weitergeht

Herr Gutbrodt: „Das ist ja wirklich starker Tobak! Kann es denn sein, dass unsere Kunden so reagieren und sich dermaßen für eine gestorbene Firma interessieren? Das heißt, gestorben ist sie ja gar nicht, nur gekauft und umbenannt. Das kann ich mir gar nicht vorstellen. Ich kenne sie doch seit Jahren!"

Coach: „Es hilft hier wenig, an einzelne Kunden zu denken. Hier reagiert das ganze Beziehungsgeflecht, das ‚System', um einen Ausgleich zu bewirken. Das geschieht häufig dann, wenn die Rechte eines Systemmitglieds missachtet wurden."

Missachtung systemischer Rechte …

Herr Schmidt: „Ja, aber welche Rechte haben wir denn missachtet? Wir haben ja schließlich anständig gezahlt!"

Coach: „Natürlich, die finanzielle Seite muss stimmen. Wenn Sie sich fragen, was bei einer Akquisition darüber hinaus von Bedeutung ist, gibt es eine einfache Antwort. Erinnern Sie sich bitte daran, was Sie erlebt haben, als Sie in der letzten Konstellation standen!"

Herr Schmidt: „Also, das war beeindruckend, Seite an Seite mit dem finnischen Unternehmen und dem Chef. Und voll im Kontakt mit den Kunden. Schön, wenn's so wäre!"

Coach: „In der Aufstellung war es so, und Sie haben erlebt, welchen Unterschied es macht, wenn Sie mit einer anderen Einstellung an Ihre Partner herantreten."

Herr Gutbrodt kann den Punkt sehen: „Wir waren vielleicht etwas nassforsch bei der schnellen Umbenennung und dem Einsetzen von Herrn Schmidt als Chef in Finnland, als es schwierig wurde. Aber wir wussten ja nicht … Was können wir denn nun tun, um auch in der Praxis das Steuer herumzureißen?"

2. Aus der Aufstellungspraxis

… und ihre pragmatische Lösung

Coach: „Was wäre, wenn Sie die Umbenennung zurücknähmen?"

Herr Gutbrodt: „Zurücknehmen? Unmöglich! Was macht denn das für einen Eindruck?!"

Coach: „Bei den Finnen möglicherweise einen sehr guten. Und in der Aufstellung wirkte es so, als könnte auch das Interesse der Kunden wachsen, wenn sie wieder *Kikonen* sehen. Kann es eigentlich nicht nur besser werden?"

Herr Gutbrodt: „Hm, zu verlieren haben wir im Grunde wirklich nichts. Und wenn das womöglich eine so positive Wirkung hat … Wir könnten ja vielleicht einen Kompromiss finden: *Gutbrodt-Kikonen* zum Beispiel."

Coach: „Warum nicht *Kikonen-Gutbrodt*?"

Herr Gutbrodt: „Na, sie sind doch gekauft und außerdem der kleinere Partner."

Dem zugekauften Unternehmen die eigene Würde lassen

Coach: „Wenn der Größere sich nicht öffentlich auf die Brust klopft, um seine Stärke und Überlegenheit zu zeigen, ist die Wirkung besonders positiv. Er lässt damit dem Kleineren seine Würde und gewinnt seine Mitarbeit und die Unterstützung des ganzen Unternehmenssystems. Beispielsweise so: *Kikonen, ein Unternehmen der Gutbrodt Unternehmensgruppe.*"

Herr Gutbrodt: „Das klingt eigentlich gar nicht schlecht. Darüber sollten wir nachdenken. Herr Schmidt, setzen Sie das gleich mal auf die Tagesordnung für das Strategiemeeting morgen."

Coach: „Überlegen Sie auch mal, wie Sie die Kompetenzen des finnischen Führungsteams und Herrn Schmidts definieren wollen. Auch hier ist es wichtig, dass sich die Finnen gewürdigt fühlen."

Herr Schmidt: „‚Würdigen' sagen Sie. Was ist daran so wichtig? Was hat das mit dem Führungsalltag zu tun?"

Nicht die Einzelnen reagieren, sondern das ganze System

Coach: „Die Aufstellung hat es gezeigt. Die Umbenennung wurde von den Finnen als Angriff auf ihre Identität erlebt. Das ganze System hat darauf reagiert – und zwar mit einer negativen Ausgleichsbewegung. Wenn die

Rechte eines Systemmitglieds, in diesem Fall des finnischen Unternehmens, auf eigenen Namen, eigene Identität und Geschichte ignoriert werden, wackelt es im Karton. Man könnte auch sagen, das System produziert Symptome, um auf ein Ungleichgewicht oder ein Unrecht aufmerksam zu machen.

Etwas Ähnliches kennen wir alle vom Umgang mit unserer Gesundheit. Wenn wir überziehen, also beispielsweise zu viel essen, zu viel Alkohol trinken oder zu wenig schlafen, reagiert das System unseres Körpers mit einem Warnsignal – einem unangenehmen Symptom, das uns auf unsere Fehler aufmerksam macht. Korrigieren wir diese Fehler, kommt alles wieder ins Gleichgewicht – vorausgesetzt, wir haben nicht jahrelang Alarmsignale ignoriert und irreversible Schäden angerichtet. Würdigen eines Systemmitglieds ist der erste und häufig wichtigste Schritt zur Korrektur von Fehlern in einem Unternehmenssystem."

Ein Teilnehmer: „Sie sprechen von einem System, das hier reagiert. Das habe ich noch nicht verstanden. Wer reagiert da konkret?"

Coach: „Zum Unternehmenssystem gehören alle, die zum Überleben und Wachstum des Unternehmens beitragen, also der Gründer und Chef, die Führungskräfte und Mitarbeiter, die zugekauften neuen Unternehmen ebenso wie verkaufte Unternehmensteile und auch die Kunden und Lieferanten.

Systeme schaffen Ausgleich – so oder so

Sie nehmen dabei nach ihrer Wichtigkeit unterschiedliche Positionen in der systemischen Ordnung ein. Diese Ordnung ist keine absichtlich hergestellte Ordnung, wie etwa eine demokratische Verfassung. Sie ist eine gewachsene Ordnung und überall beobachtbar, wo Menschen zusammenleben und arbeiten. An erster Stelle steht der Gründer und Chef, denn ohne ihn gäbe es alles andere nicht. Dann folgen die anderen nach dem Grad ihrer Bedeutung und Verantwortung für das Ganze.

In Ihrem Fall wurde das Recht eines Systemmitglieds, nämlich des finnischen Ursprungsunternehmens, nicht geachtet. Das Symptom, das auf diese Schieflage aufmerksam machte, zeigte sich aber nicht nur dort. Es war ja nicht allein die nachlassende Motivation bei den Finnen, die Sie alle zum Handeln zwang.

Nein, das Symptom trat dort auf, wo es am schmerzhaftesten war: beim Umsatz. Gewissermaßen haben die abbröckelnden Kunden die Aufgabe übernommen, auf das Ungleichgewicht hinzuweisen und den Finger in die Wunde zu legen.

Das haben sie natürlich nicht als Personen bewusst getan – hier zeigt sich eine systemische Wirkung, die über die Absichten der Einzelnen hinausgeht."

Herr Gutbrodt: „Wenn wir das nun nicht herausgefunden hätten oder diese Erkennntnisse ignorierten – was würde weiter geschehen?"

Ohne systemisches Know-how handeln Unternehmensführer fahrlässig

Coach: „Das kann ich nur vermuten. Vielleicht reorganisieren Sie, leiten Spar- oder Sanierungsmaßnahmen ein, die aber wahrscheinlich nicht viel fruchten würden. Leider passiert genau das ja sehr häufig. Sie brauchen nur den Wirtschaftsteil einer Zeitung aufzuschlagen, um sich mit den Folgen systemischer Fehler zu konfrontieren: scheiternde Fusionen, enttäuschende Übernahmen überall. Entscheider in Unternehmen sind Wirtschaftsfachleute oder Techniker, die ihre Akquisitionen nach bestem fachlichem Wissen und Gewissen durchführen – und weil sie sich hohe Renditen oder Einsparpotenziale erhoffen. Da sie aber von systemischen Grundregeln noch nichts gehört haben, übersehen sie wie ‚Hans-guck-in-die-Luft' die Falle und laufen hinein. Ist dann das Krisensymptom ausgebrochen – Umsatzeinbruch, Fluktuation o. Ä. –, wird eilends die Sanierungs-Feuerwehr gerufen. Die wiederum löscht, ebenfalls in Unkenntnis ihrer systemischen Wirkung, mit Öl. Was würden Sanierer tun, wenn es bei der *Gutbrodt AG* weiter bergab ginge?"

2.1 „Was habe ich mir da eingekauft?"

Teilnehmer: „Na, z. B. Kosten senken, Stellen abbauen und so weiter."
Coach: „Und wo zuerst?"
Anderer Teilnehmer: „Na, in Finnland, ist doch klar!"
Coach: „Eben! Dort, wo die Missachtung von Rechten ein Krisensymptom ausgelöst hat, würde weiter geholzt. Wie reagiert daraufhin das gesamte Unternehmenssystem? Was glauben Sie?"
Herr Gutbrodt: *(nachdenklich)* „Wenn das wirklich so funktioniert, müssten ja noch mehr Kunden abwandern und der Umsatz noch weiter absacken …"
Coach: „Das wäre auch meine Vermutung. ‚Unkenntnis schützt vor Strafe nicht' sagt unser Gesetzbuch. Und Ähnliches scheint auch im Wirtschaftsleben zu gelten. Es ist eine Tragödie, was auf dem Sektor Fusion und Übernahme mit blauäugigem Blick auf ‚Synergien' und ‚Marktpositionen' angerichtet wird. Was trotz dieser hausgemachten Katastrophen zustande kommt, verdient durchaus den Titel ‚Wirtschaftswunder'.
Dabei wäre es einfach – ein systemischer Check *vor* dem Zukauf, *vor* der Fusion, der die Daten der Analysten ergänzt, und mancher Absturz könnte vermieden werden."

> **Durch systemische Checks Krisen managen**

Dr. Klüver: „Das sind in der Tat interessante Aspekte, die Sie uns hier präsentieren. Allerdings kann ich noch nicht erkennen, wie diese systemischen Komponenten in ein strategisches Gesamtkonzept einfließen können."
Coach: „Genau dazu benötigen wir Ihre Hilfe, Herr Klüver. Nachdem wir gesehen haben, welche systemische Schieflage sich in dem Problem der *Gutbrodt AG* widerspiegelt, geht es nun um das weitere Vorgehen.
Unser Vorschlag an Herrn Gutbrodt ist, dass im Unternehmen ein Lotsenteam installiert wird, das die Klippen zu umschiffen hilft. Diesem Team sollten Führungskräfte des deutschen Vertriebs, der österreichischen Niederlassung, der finnischen Tochter und Ihres Hauses, Herr Klüver, angehören. Seine Aufgabe wäre es, im ständigen

> **Im Lotsenteam sind alle Unternehmensbereiche vertreten**

2. Aus der Aufstellungspraxis

Kontakt miteinander auf die Stimmung im Gesamtunternehmen zu achten, die Unternehmenskultur und -kommunikation abzustimmen und gemeinsam dem Markt ‚den Puls zu fühlen'."

Herr Gutbrodt: „Hervorragender Vorschlag! Ich bin immer für die praktische Umsetzung. Aber Sie hätten wir auch gern mit im Boot!"

Systemische Berater dürfen sich nicht ins Kundensystem integrieren

Coach: „Vielen Dank! Auch wenn Ihr Angebot uns ehrt – als systemische Berater können wir nicht unmittelbar mit anpacken. Dieser Ansatz lebt von der Außenperspektive. Nur wenn wir als unabhängige Außenstehende das Geschehen betrachten, können wir unsere Arbeit richtig tun. Wenn wir uns direkt in der Umsetzung engagierten, würden wir so weit in Ihr Unternehmenssystem integriert, dass Ihnen unsere Kompetenz nichts mehr nützte. Wir bieten Ihnen aber an, regelmäßig zu einem ‚Monitoring' mittels Aufstellung oder Coaching zur Verfügung zu stehen. Damit gewinnen Sie wertvolle Informationen für die Weiterentwicklung Ihres Unternehmens."

Herr Gutbrodt nimmt dieses Angebot an. Wie das ‚systemische Monitoring' praktisch abläuft, können Sie in Kapitel 4.1 ab Seite 96 lesen.

Wichtige Aussagen

1) Bei Fusionen und Übernahmen wird zu wenig auf systemische Zusammenhänge im Unternehmen geachtet. Daher greifen übliche Sanierungsmaßnahmen wie Kosteneinsparungen nicht oder verschlimmern sogar noch die Situation.
2) Das Unternehmen als System produziert Symptome, wenn durch Missachtung Ungleichgewichte oder Unrecht entstanden sind.
3) Das Würdigen von missachteten Systemmitgliedern ist der erste und wichtigste Schritt zur Fehlerkorrektur.

2.2 *„So geht es nicht weiter!"* Konfliktlösung durch systemische Teamentwicklung (Inhouse-Aufstellung)

Die Situation

Marita Roth leitet seit einigen Monaten die Personalabteilung eines größeren Verlagshauses in Hamburg. Als gebürtiger Rheinländerin fiel es ihr anfangs schwer, sich im „kühlen Norden" zurechtzufinden. Da sie aber Single ist und die neue Aufgabe sehr verlockend fand, wagte sie beide Veränderungen.

In dieser Fallgeschichte ist Frau Roth nicht direkt in das Aufstellungsgeschehen involviert. Sie hat hier eine vermittelnde Rolle. Wir werden aber in Kapitel 4.2 wieder von ihr hören. Dort möchte sie mithilfe des systemischen Coachings an eigenen beruflichen Themen arbeiten. Da Frau Roth uns aus ihrem früheren Unternehmen als Berater kennt, möchte sie auch bei diesem aktuellen Teamproblem mit einer systemischen Maßnahme eine Lösung finden.

Das Problem im Unternehmen

Dicke Luft im Team

Herr Frank, der Team- und Abteilungsleiter der Marketingabteilung, hat die Personalleiterin Frau Roth um ein Krisengespräch gebeten: „So geht es nicht mehr weiter! Meine Leute weigern sich zusammenzuarbeiten! Die Stimmung ist auf dem Nullpunkt, und es kommen vermehrt Beschwerden von Kunden."

Auf die Frage von Frau Roth, ob er sich erinnern könne, wann die Entwicklung in seinem Team begonnen habe, antwortet er: „Genau nicht, aber irgendwie hängt das mit der Einstellung der neuen Mitarbeiter zusammen. Dabei wollten doch alle entlastet werden! Besonders ist diese Entwicklung in den Teammeetings zu spüren. Dort ist die Luft zum Schneiden dick. Da muss jetzt etwas passieren!"

2. Aus der Aufstellungspraxis

Die Personalleiterin ist der gleichen Meinung und schlägt Herrn Frank ein Training zur systemischen Teamentwicklung vor.

Er stimmt diesen Vorschlag mit seinen Mitarbeitern ab. Einige zögern, andere kennen die systemische Arbeit von Familienaufstellungen und sind einverstanden. Schließlich wird ein Konsens gefunden, und das Training kann starten.

Das Gespräch findet zwischen der Personalleiterin Frau Roth, dem Teamleiter Herrn Frank und uns im Verlag statt. Wir bitten Herrn Frank, uns die Vorgeschichte des Teams, soweit es für unsere Arbeit nötig ist, zu erläutern.

Seit vor drei Jahren der ehemalige Teamleiter im Unternehmen befördert wurde, ist Herr Frank Teamleiter der Marketingabteilung. Das Team bestand bei seiner Übernahme aus zwölf Mitarbeiterinnen, die zwar verschieden lange dort tätig waren, aber hierarchisch auf einer Ebene standen. Herr Frank hatte vorher keine Position im Unternehmen, er kam von außen dazu.

Im eingespielten Team war die Welt noch in Ordnung

Herr Frank berichtet weiter: „Am Anfang lief alles gut. Es war eben ein eingespieltes Team. Davon ist heute nicht mehr viel zu spüren! Nach ca. einem Jahr schieden vier Mitarbeiterinnen aus Altersgründen aus dem Unternehmen aus. Soweit ich mich erinnere, geschah das alles innerhalb eines halben Jahres. Die acht verbliebenen Mitarbeiterinnen mussten ziemlich hart zupacken, da parallel zu unserer ‚Teamschrumpfung' die Arbeit zunahm. Unsere Abteilung expandierte."

Mit der Teamerweiterung gab es Entlastung – und Probleme

Frau Roth: „Da beschloss das Unternehmen, sieben neue Mitarbeiter einzustellen. Das war vor ungefähr einem Jahr, wenn ich richtig informiert bin."

Herr Frank: „Ja, genau, sieben Mitarbeiter, drei männliche und vier weibliche Kollegen. Jetzt war unser Team auf fünfzehn gewachsen. Zuerst war die Freude und Erleichterung über die Entlastung bei den ‚Alten' groß. Da hatten wir noch mal eine gute Phase! Die hielt allerdings nicht lange an."

Coach: „Wodurch veränderte sich die Stimmung?"

Herr Frank: „Genau kann ich das nicht sagen. Es gab keinen äußeren Anlass. Die Stimmung wurde von Tag zu Tag schlechter. Statt miteinander zu arbeiten und damit den ‚Neuen' das Eingewöhnen zu erleichtern, erwarteten sie von ihnen, dass alle Arbeiten genau so gemacht werden sollten, wie sie es gewohnt waren. Die ‚Neuen' wehrten sich natürlich gegen dieses rigide Verhalten, weil sie eigene Ideen hatten und sie auch einbringen wollten. Es eskalierte auf beiden Seiten. Ich habe versucht, mit beiden Gruppen getrennt zu reden. Der Erfolg war gleich null. Sie wollen von ihren Feindbildern nicht abrücken."

Frau Roth: „Von welchen Feindbildern sprechen Sie?"

Herr Frank: „Die ‚Neuen' werten die ‚Alten' als pedantisch, unflexibel und unkommunikativ ab. Umgekehrt halten die ‚Alten' die ‚Neuen' für unfähig, sich ins Team zu integrieren. Kommuniziert wird fast nur noch über E-Mail. Auch die Qualität der Arbeit leidet immer mehr unter dieser Situation. So werden inzwischen wegen fehlender Informationsweitergabe immer häufiger Fehler gemacht. Zudem beschweren sich vermehrt Kunden bei mir, dass die Mitarbeiterinnen am Telefon unfreundlich und uninformiert sind. Ja, so sieht es momentan in meinem Team aus!"

Kontaktarmut und Feindbilder

Coach: „Haben Sie neben den erwähnten Gesprächen noch Weiteres versucht, um die Situation in den Griff zu bekommen?"

Herr Frank: „Nein, ich sah sonst keine Möglichkeit. Was hätte ich tun sollen? Ich habe in letzter Zeit manchmal mit dem Gedanken gespielt, das Handtuch zu werfen, wenn sich die Situation nicht bald ändert."

Der Teamchef ist nahe daran aufzugeben

Coach: „Ich verstehe! Dann ist es also auch für Sie persönlich sehr wichtig, dass eine Lösung gefunden wird."
Herr Frank: „Ja, so ist es!"
Coach: „Fünfzehn Mitarbeiter, zwölf weibliche und drei männliche, zwei Fraktionen, haben wir das so richtig verstanden? Oder gibt es Mitarbeiter, die weder zur einen noch zur anderen Gruppe gehören?"
Herr Frank: „Ja, die gibt es! Genau genommen sind es fünf Mitarbeiter, zwei alte und drei neue. Die passen weder in die eine noch in die andere Clique. Diese fünf versuchen trotz der Kämpfe im Team, einfach ihre Arbeit zu machen, und halten sich aus dem ganzen Hickhack heraus."
Coach: „O.k., ich glaube, wir haben genug Informationen, um zu starten. Abschließend sollten wir noch über Ihre Zielvorstellung für das Training sprechen!"

Das Ziel der Maßnahme wird vereinbart

Frau Roth: „Mir ist vor allem wichtig, dass das Team wieder rund läuft und voll arbeitsfähig ist! Auch würde mich natürlich interessieren, welche Fehler gemacht worden sind, damit wir in Zukunft besser und vor allem zeitiger gegensteuern können. Sehr wichtig ist mir außerdem, dass Herr Frank entlastet wird. Sonst laufen wir vielleicht noch Gefahr, einen guten Mann wie ihn zu verlieren."
Herr Frank: „Dem kann ich mich nur anschließen!"

Beginn mit einem Teamworkshop

Klassische Trainingsmethoden

Wir beginnen, mit klassischen Trainingsmethoden der Kommunikation und Moderation zu arbeiten, um ein Stimmungsbild zu erhalten, die Problemfelder zu klären und die Stimmung ein wenig zu „enteisen". Mit diesem Einstieg können uns die Teilnehmer auf gewohntem „Terrain" kennen lernen und Vertrauen entwickeln. Auch ist es durch Moderation möglich, die Informationen des Teamleiters mit der Sichtweise des Teams abzugleichen. Das Ergebnis: Die Wahrnehmung Herrn Franks stimmt mit der Sicht der übrigen Teammitglieder überein: ein dreigeteiltes Team!

Mit der Zielvorgabe, die Ursachen für die jetzige Teamsituation herauszufinden und einen Schritt in Richtung einer Lösung zu gehen, schlagen wir eine systemische Aufstellung vor.

Wir erklären den Teilnehmern, dass wir eine Aufstellungsvariante verwenden werden, bei der die persönlichen Themen der Einzelnen geschützt bleiben. Hierbei werden nicht Stellvertreter für Personen, sondern für die verschiedenen Gruppierungen im Team benannt und aufgestellt.

Bei der Aufstellung bleiben persönliche Themen geschützt

Jede Gruppe wird von einem Stellvertreter aus einer anderen Gruppe repräsentiert. Auch werden wir mehreren Personen die Möglichkeit anbieten, die Konstellation selbst als Stellvertreter nachzuvollziehen und ggf. nach der eigenen Wahrnehmung zu verändern.

Mit diesem Verfahren haben wir bei Inhouse-Aufstellungen, bei denen uns keine neutralen Repräsentanten, sondern nur die Systemmitglieder selbst zur Verfügung stehen, gute Erfahrungen gemacht.

Eine Ausnahme bildet hier der Teamleiter. Er wird als Einziger individuell von einem Stellvertreter repräsentiert. Das erweist sich oft als notwendig, da wir vor der Aufstellung nicht wissen, inwieweit die Team-Dynamik auch direkt mit ihm zu tun hat. Hier ist Fingerspitzengefühl vom Aufstellungsleiter gefordert und ein ständiger Kontakt zu Herrn Frank, der die Aufstellung mitverfolgt. In einem persönlichen Gespräch hatte er uns „grünes Licht" für diese Vorgehensweise gegeben.

Herr Frank stellt das Team auf. Auch wenn wir schon wissen, worum es geht, ist es wichtig, das Anliegen noch einmal klar für alle zu benennen.

Das Anliegen

2. Aus der Aufstellungspraxis

Coach: „Herr Frank, wir haben jetzt verstanden, worum es Ihnen geht. Bitte formulieren Sie Ihr Anliegen noch einmal für alle. Was wäre für Sie eine gute Lösung?"

Herr Frank: „Ich möchte, dass unser Team wieder voll arbeitsfähig wird, und verstehen, was abgelaufen ist."

Die Elemente der Aufstellung werden definiert

Coach: „Ich mache Ihnen einen Vorschlag. Wir beginnen mit vier Repräsentanten: die Alten, die Neuen, die Neutralen und einen Stellvertreter für Sie als Teamleiter. Einverstanden?"

Herr Frank: „Das macht Sinn!"

Die Aufstellung

Wie schon gesagt, wird bei dieser speziellen Form der Aufstellung jede Gruppe von einem Stellvertreter aus der anderen Gruppe repräsentiert. Herr Frank sucht einen Stellvertreter für die Alten aus der Gruppe der Neuen, für die Neuen einen Stellvertreter aus der Gruppe der Alten. Für die Neutralen kann er den Stellvertreter aus der Gruppe der Alten oder der Neuen benennen. Für sich selbst, in der Aufstellung Fokus genannt, hat er freie Wahl.

Coach: „Es wird jetzt jeweils nur einer von Ihnen eine ganze Gruppe darstellen. Nachdem Herr Frank die Stellvertreter aufgestellt hat, können später auch andere die Positionen testen. So überprüfen wir, ob Sie ähnliche oder andere Wahrnehmungen haben."

Herr Frank wählt aus:

Personen/Positionen	Stellvertreter
Für die Alten	eine Mitarbeiterin aus der Gruppe der Neuen
Für die Neuen	eine Mitarbeiterin aus der Gruppe der Alten
Für die Neutralen	ein Mitarbeiter aus der Gruppe der Neuen
Für Herrn Frank (Fokus)	ein Mitarbeiter aus der Gruppe der Neuen

2.2 „So geht es nicht weiter!"

Herr Frank beginnt mit der Stellvertreterin für die Neuen. Er stellt sie so, dass sie allen anderen, die danach platziert werden, den Rücken zuwendet. Seinen eigenen Stellvertreter stellt er in einiger Entfernung hinter sie. Die Stellvertreterin der Alten platziert Herr Frank rechts neben seinen Stellvertreter. Der Stellvertreter der Neutralen wird weit außen mit Blickrichtung zu allen anderen gestellt.

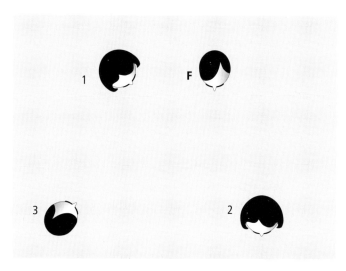

Aufstellungsbild

Frau

Mann

F Fokus = (Der Stellvertreter für den Teamleiter Herrn Frank)
1 Die Alten = Eine Stellvertreterin für die Fraktion der Alten
2 Die Neuen = Eine Stellvertreterin für die Fraktion der Neuen
3 Die Neutralen = Ein Stellvertreter für die Fraktion der Neutralen

Die Stellvertreterin der Alten (Position Nr. 1) fühlt sich auf diesem Platz überlegen und groß und, wie sie sagt, „seeehr wichtig!" Den Chef an ihrer Seite kann sie kaum spüren. Auf unsere Frage, wie es ihr mit den Neuen ginge, sagt sie: „Ich bin etwas verwirrt. Es müsste mir doch schlecht mit ihr gehen? Ich spüre zwar auch so etwas wie Abwarten, Zögern, aber ich empfinde ihr gegenüber Sympathie. Kann das sein? Doch auf keinen Fall gefällt mir, dass sie mir den Rücken zuwendet. Der Stellvertreter der Neutralen ist mir zu weit weg."

Die Stellvertreterin der Neuen (Position Nr. 2) fühlt sich kraftvoll. Ihr gefällt es allerdings nicht, dass sie niemanden sehen kann, und sie hat das Bedürfnis, sich umzudrehen.

Sie will wissen, was sich hinter ihrem Rücken tut. Die Neutralen kann sie nicht spüren.

Die Neutralen (Position Nr. 3) fühlen sich auf ihrem Platz „abgeschoben" und nicht beachtet: „Auch wenn wir uns aus dem ganzen Theater heraushalten, wollen wir dabei sein!"

Der Fokus (Position F) fühlt sich schwach, zerrissen, empfindet sich als körperlich verdreht. Er schaut auf die Neuen: „Ich habe die Befürchtung, sie wollen wieder gehen (kündigen). Ich hätte sie am liebsten an meiner Seite. Wir brauchen sie doch unbedingt!

Ein Gefühl der Bedrohung

(Schaut auf die Stellvertreterin der Alten an seiner rechten Seite:) Hier spüre ich fast so etwas wie Bedrohung. Ich möchte mich ihnen zuwenden, damit ich das einordnen kann und weiß, woran ich bin." Den Stellvertreter der Neutralen nimmt er kaum wahr.

Herr Frank hat die Stellvertreterin der Alten rechts neben sich gestellt. Dieser Platz ist jedoch, bezogen auf die systemische Ordnung einer Aufstellung, häufig demjenigen vorbehalten, der führt: In unserem Fall wäre das der Teamleiter.

Wenn man außerdem die Äußerung „seeehr wichtig!" und das Überlegenheitsgefühl der Stellvertreterin der Alten berücksichtigt, liegt die Vermutung nahe: Hier ist die „heimliche" Leitung! Verstärkend wirkt noch die Aussage des Fokus: „Ich fühle mich bedroht."

Mit den Neuen gibt es etwas zu klären. „Abwarten, aber auch Sympathie", waren die Worte der Alten. Erinnern Sie sich an das Vorgespräch, in dem Herr Frank über die Neuen sagte: „Sie haben eigene Ideen, wollen es anders machen"? Möglicherweise ist Anerkennung hier ein Thema: Würdigung derer, die schon länger da waren, auch wenn die Leistung mit innovativen Methoden verbessert werden könnte.

Insgesamt wirkt das Problem der Alten mit den Neuen vordergründig. Worum geht es den Alten? Geht es um Macht? Sind sie frustriert wegen mangelnder Führung durch den Leiter? Oder geht es ihnen vielleicht um Würdigung? Schließlich waren die Alten schon ein Team, als er die Stelle als Teamleiter antrat.

Die Neuen stehen abgewandt im ersten Bild. Diese Position kann eine Tendenz zum Verlassen des Arbeitssystems symbolisieren. Allerdings widerspricht die Aussage der Stellvertreterin für die Neuen dieser Vermutung: Sie fühlt sich kraftvoll, möchte sich umdrehen und sehen, was hinter ihrem Rücken abläuft. Auch kann sie die Befürchtung des Fokus, sie wolle gehen, nicht nachvollziehen.

Von verhärteten Fronten (Alte kontra Neue) ist in diesem Aufstellungsbild nicht annähernd so viel zu sehen, wie das Vorgespräch mit Herrn Frank vermuten ließ.

Die Anfangsvermutung bestätigt sich nicht

Die Gruppe der Neutralen, die immerhin fünf Teammitglieder umfasst, kann aus der Position, in die Herr Frank sie gestellt hat, nichts bewirken. Dabei könnten sie in diesem Konflikt eine ausgleichende Rolle einnehmen und helfen, das System zu stabilisieren. Da die Neutralen aber, aus welchen Gründen auch immer, nicht wirklich als zum Team gehörig erlebt werden, haben sie eine eher schwächende Wirkung für das Ganze.

Der Fokus selbst fühlt sich zwischen zwei Aufgaben zerrissen: „Ich bin körperlich verdreht." Einerseits ist er in Sorge, die Neuen könnten wieder gehen, andererseits möchte er konfrontieren, was ihn von der Seite bedroht. Die Neutralen nimmt er kaum wahr. So wie er sich selbst in dem Bild platziert hat, kann er seine Führungsposition nicht wirklich einnehmen.

Der Teamkonflikt ist auch ein Führungsproblem

Wir haben es hier also nicht nur mit einem Konflikt innerhalb des Teams zu tun, sondern auch mit dem Führungsverhalten von Herrn Frank. Da dieses Thema ihn sehr persönlich betrifft, wollen wir es im Seminar nicht weiter thematisieren. In einem persönlichen Gespräch schlagen wir ihm vor, es in einem anderen Rahmen, z. B. einem Coaching, weiter zu bearbeiten.

Die Schritte zu einer Lösung

Was an diesem Punkt der Aufstellung noch Vermutung ist, wird in der Prozessarbeit ausgetestet. Dabei müssen eventuell Hypothesen fallen gelassen werden; andere wiederum können sich als stimmig erweisen.

Wir lassen Sie nun an den Prozessschritten teilhaben, die zu einer Lösung für das Team geführt haben. Es werden hier nur die wichtigsten Schritte beschrieben. In der Aufstellungspraxis ist dieser Prozess wesentlich komplexer.

Wir bitten die Stellvertreterin für die Neuen sich umzudrehen, damit sie den Fokus und die Stellvertreterin der Alten anschauen kann. Es findet ein Dialog statt, der hilft, Zuständigkeiten anzuerkennen und Gegebenheiten zu würdigen: „Ihr wart schon lange vor uns da und habt mit eurem Einsatz dafür gesorgt, dass der Laden gut läuft." Das stimmt die Alten milder. Sie fühlen sich jetzt akzeptiert und gewürdigt. Damit ist ein erster Schritt zu einer Zusammenarbeit vollzogen.

Das Aussprechen der Probleme ist wichtig

Die Alten sagen den Neuen: „Weil ihr uns und unsere Arbeit nicht akzeptiert habt, wollten wir von euren Veränderungen auch nichts wissen. Das kann jetzt aufhören! Wir sind bereit, auch einen Schritt auf euch zuzugehen!"

Die Stellvertreterin der Neuen schaut den Fokus an, und wir bitten sie, ihm zu sagen: „Sie haben uns nicht unterstützt!

2.2 „So geht es nicht weiter!"

Als Neue hätten wir besonders Ihre Hilfe gebraucht. Das hat uns sauer gemacht. Aber anstatt das mit Ihnen auszutragen, haben wir es an den Alten ausgelassen. Damit hören wir jetzt auf. Wir kennen nun die richtige Adresse!"

Der Fokus wendet sich an die Neuen und erwidert: „Ich habe da etwas versäumt. Das tut mir Leid!"

Auch alte Mitarbeiter und Fokus wenden sich einander zu. Spannung ist spürbar. Hier ist eine harte Nuss zu knacken! Es fällt ihnen schwer, sich anzuschauen. Erst nach mehreren Prozessschritten helfen Sätze, die Spannung aufzulösen.

Wir bitten die Stellvertreterin der Alten, Folgendes nachzusprechen: „Wir wollten dir helfen, aber das ist nicht unsere Aufgabe. Du bist der Chef, und wir sind deine Mitarbeiter. Das erkennen wir jetzt an. Das, was wir zu viel übernommen haben, geben wir dir zurück. Es gehört in deinen Zuständigkeitsbereich."

Am falschen Platz schadet auch gut gemeinte Hilfe

Diese Rückgabe wird noch durch ein Ritual verstärkt. Ein Gegenstand wird symbolisch für das zu viel Übernommene zurückgegeben.

Die Rückgabe der Aufgaben an den Eigentümer

Der Fokus erwidert: „*Ich* bin euer Chef, und ihr seid meine *Mitarbeiter*. Für meine Führungsaufgaben brauche ich euch nicht, da haltet euch bitte raus." Weiter sagt er ihnen: „Ihr wart schon lange da, bevor ich kam. Wenn ich einen Rat von euch Alten benötige, melde ich mich!"

Erst jetzt können sich Fokus und Stellvertreterin der Alten in die Augen schauen, ohne dass sich der eine bedroht fühlt und die andere verärgert ist. Die Neutralen möchten jetzt endlich näher kommen. Nachdem ihr Stellvertreter im Kreis der anderen steht, versichern die Alten, die Neuen und der Fokus ihm: „Ihr gehört dazu, ihr seid Teil unseres Teams!"

2. Aus der Aufstellungspraxis

Das Lösungsbild basiert auf systemischer Ordnung

Nach der Prozessarbeit suchen wir ein Lösungsbild, in dem jeder an seinem systemisch richtigen Platz steht und Kraft zum Handeln hat. Im Lösungsbild erweist sich häufig eine Rechts-links-Ordnung als stimmig. Auch in dieser Aufstellung wird es so erlebt: Die Alten stehen rechts, daneben die Neutralen, anschließend die Neuen. Sie stehen im Halbkreis, so dass jeder den anderen sehen kann.

Schwieriger ist es, für den Teamleiter (Fokus) einen Platz zu finden, an dem es ihm gut geht *und* er gleichzeitig seine Führungsrolle wahrnehmen kann. Stimmig wird es erst für ihn, als wir einen weiteren Stellvertreter hinzunehmen, der für ihn eine nicht näher benannte Ressource repräsentiert. Mit dieser Kraftquelle im Rücken geht es ihm an einem Platz ganz rechts neben den Alten am besten. „Das Team sollte aber sehr nahe bei mir stehen!", stellt er abschließend fest.

Teammitglieder überprüfen das Lösungsbild

An dieser Stelle tauschen wir die Stellvertreter aus. Herr Frank stellt sich nun selbst in die Aufstellung. Genauso macht es jeweils ein Mitarbeiter aus den Gruppen der Alten, der Neuen und der Neutralen.

Abschließend legen wir in einiger Entfernung, gut sichtbar für alle, ein Symbol für die gemeinsame Aufgabe und eines für die Kunden des Teams auf den Boden.

Einige Mitarbeiter haben das Bedürfnis, sich auch selbst in das Bild zu stellen, um es auf Stimmigkeit zu überprüfen.

Alle waren mit dem Ergebnis einverstanden und konnten die Kraft dieser Konstellation spüren. Mit den Symbolen für die gemeinsame Aufgabe und für die Kunden war für sie das Bild noch runder.

Eine Mitarbeiterin brachte es auf den Punkt: „Jetzt wissen wir, wozu wir da sind!"

2.2 „So geht es nicht weiter!"

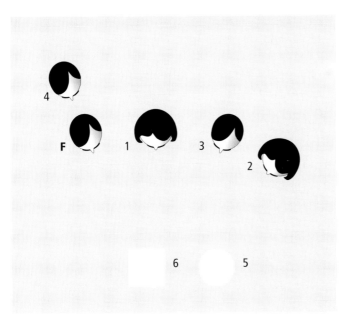

Lösungsbild

Frau

Mann

F Fokus = (Der Stellvertreter für den Teamleiter Herrn Frank)
1 Die Alten = Eine Stellvertreterin für die Fraktion der Alten
2 Die Neuen = Eine Stellvertreterin für die Fraktion der Neuen
3 Die Neutralen = Ein Stellvertreter für die Fraktion der Neutralen
4 Ressource = Eine nicht näher benannte Ressource für Herrn Frank
5 Symbol K = Ein Symbol für die Kunden
6 Symbol GA = Ein Symbol für die gemeinsame Aufgabe des Teams

Anschließend arbeiten wir mit der Moderationsmethode weiter, um herauszufinden, welche Maßnahmen dem Team helfen, die in der Aufstellung gefundene Lösung in die Praxis umzusetzen. Einige Veränderungen waren bereits im Seminar spürbar. So wirkten nach der Aufstellung alle Teilnehmer wesentlich entspannter. Als es darum ging, sich für die Moderation erneut in Kleingruppen zusammenzufinden, schlossen sie sich zuerst wie in der Anfangsphase (vor der Aufstellung) zusammen.

Alle erlebten aber die alte Konstellation der Kleingruppen nicht mehr als stimmig. Spontan mischten sich die Gruppen neu. So arbeiteten nach langer Zeit erstmals Alte mit Neuen freiwillig und konstruktiv zusammen.

Mithilfe der Moderation wurden Zielvereinbarungen erarbeitet. Hier ein Auszug aus den Ergebnissen:

2. Aus der Aufstellungspraxis

1. Regelmäßige Teammeetings auch ohne Herrn Frank. Die Moderation wird umschichtig von einem Gruppenmitglied übernommen.
2. Optimierung der Teammeetings mithilfe der Moderationsmethode.
3. Anschaffen einer Info-Tafel. Hier werden alle neuen Infos angepinnt, damit sie jedem im Team zugänglich sind.
4. Meetings zu Arbeitsabläufen: Die Neuen stellen ihre Innovationen vor. Die Alten berichten von ihren Erfahrungen mit ihren bewährten Arbeitsabläufen. Gemeinsam mit Herrn Frank wird ein Konsens gefunden.
5. Informelle Kommunikation: gemeinsame Pausen, gemeinsame Aktivitäten außerhalb des Verlages.

Abschlussrunde

Einige abschließende Äußerungen und Fragen der Teilnehmer haben wir hier für Sie dokumentiert. Vielleicht haben Sie sich ja beim Lesen einige dieser Fragen selbst gestellt.

Coach: „Herr Frank, möchten Sie beginnen?"
Herr Frank: „Ja, gern. Erstmal herzlichen Dank für die zwei Tage. Ich habe sehr viel gelernt. Natürlich bin ich auch froh, nach langer Zeit mal wieder freundliche Gesichter zu sehen! Ich wünsche mir, dass es anhält! Auch fand ich es sehr hilfreich, über die Aufstellung hinaus konkrete Ziele für das Team zu erarbeiten. Das gibt dem Ganzen für mich eine Basis! Aber eine Frage habe ich noch abschließend: Mein Stellvertreter äußerte am Schluss, dass er dem Team sehr nah sein will. Was heißt das konkret? Ist das dann nicht das Gleiche wie in der Anfangsposition?"

Die Ressource stärkt den Rücken

Coach: „Nein, das ist es nicht. Es war ja für Ihren Stellvertreter am Schluss nicht leicht, einen stimmigen Platz zu finden. Erst mit der Ressource im Rücken veränderte sich das. Wir haben sie nicht näher benannt, weil das in diesem Zusammenhang nicht nötig war. Das ist nicht zu vergleichen mit der Befindlichkeit Ihres Stellvertreters am Beginn der Aufstellung! Das Bedürfnis nach Nähe zum Team könnte Ihren Führungsstil ausdrücken. Ich vermute, er ist eher kooperativ als direktiv!" *(Herr Frank nickt zustimmend.)*

Teilnehmer: Anfangs war ich sehr skeptisch. Ich konnte mir unter diesem ‚Tünkram' *(Norddeutsch für Unsinn)* nichts vorstellen. Ich dachte, da zerfleischen wir uns doch nur gegenseitig! Erst als ich hörte, Sie arbeiten auch mit Methoden, die mir bekannt sind, habe ich zugestimmt. Also, ich möchte meine Meinung revidieren. Mir hat die Aufstellung sehr viel gebracht. Ich bin gespannt auf die Umsetzung!"

Die anfängliche Skepsis ist revidiert

Teilnehmerin: „Ich gehöre *nicht* zur Fraktion der Skeptiker! Ich war schon häufig Stellvertreterin in Familienaufstellungen. Deshalb war ich sehr gespannt, wie man unser Team aufstellen kann. Ich fand das alles sehr spannend, habe aber auch noch eine Frage zur Aufstellung: Die meisten von uns haben sich ja zum Schluss selbst in das Lösungsbild gestellt, um auszuprobieren, ob sie Ähnliches empfinden wie die Stellvertreter, die von Anfang an dabei waren. Nun war hier große Übereinstimmung. Ist das immer so? Was wäre gewesen, wenn jemand gesagt hätte: ‚Auf diesem Platz geht's mir miserabel?' Wäre das Ergebnis dann in Frage gestellt?"

Coach: „Zwei Fragen! Während ich sie Ihnen beantworte, möchte ich Sie bitten, das Lösungsbild nicht zu vergessen! Es gibt ein paar Regeln in der Aufstellungsarbeit. Eine Regel lautet: Haben wir eine Lösung gefunden, vermeiden wir es, selbst mit Fragen zum Problem zurückzugehen. Deshalb: Vergessen Sie nicht die Lösung!
Zu Ihrer ersten Frage: Nein, es ist nicht immer so! Wir haben mit dieser Aufstellungsvariante nicht immer das Glück, bis zum Lösungsbild zu kommen, übrigens mit anderen Aufstellungsformen genauso wenig. Manchmal

Nicht zum Problem zurückgehen

ist es auch nicht nötig, weil schon das erste Bild oder eine anschließende Prozessarbeit ausreicht. Häufig geben gerade ‚abgebrochene' Aufstellungen einen enormen Energieschub.

Zu Ihrer zweiten Frage: Wenn ein Teilnehmer sich an dem gefundenen Platz nicht wohl fühlt, kann man mit dieser Person noch einmal die Prozessschritte vollziehen, die vorher der Stellvertreter gegangen ist. Das bringt häufig Veränderungen. Aber selbst mit einem nicht für alle stimmigen Platz am Schluss der Aufstellung kann einiges über die weiteren Schritte ausgesagt werden.

Teilnehmer: „Sie sprechen häufig von Würdigungen. Wir haben ja auch hier gesehen, welche wichtige Veränderung das gebracht hat. Ich kann kaum glauben, dass es so einfach sein soll! Hört sich fast nach einer Zauberpille an!"

Würdigungen wirken nur, wenn sie ernst gemeint sind

Coach: „Zauberpille ist gar nicht schlecht! Nur mit einem Unterschied: Eine Pille schluckt man einfach. Man braucht selbst nichts weiter zu tun, als sich ein Glas Wasser zu besorgen, die Pille zu schlucken und zu hoffen, dass sie wirkt. Bei der Würdigung braucht es ein bisschen mehr: Man muss der Würdigung wirklich zustimmen. Wenn Sie die Würdigung nur einfach so dahersagen, hat sie keine Wirkung. Wenn Sie es aber ernst meinen, ist die Wirkung enorm: Der andere fühlt sich geachtet und gesehen. Das heißt in Konfliktsituationen nicht, dass der andere nun ihr bester Freund werden muss. Aber in dem er sich geachtet und in seiner Funktion gesehen fühlt, kann er selbst auch sein Feindbild loslassen. Dadurch entsteht ein Klima, in dem Gespräche und Verständigung wieder möglich sind. Das können Sie unabhängig von Aufstellungen ausprobieren und die Wirkung sofort spüren."

Teilnehmerin: „Ich habe eine Frage zum Lösungsbild. Jetzt sind wir ja alle irgendwie zufrieden und voller Tatendrang. Ich befürchte nur, das hält nicht lange an! Was dann? Muss dann die nächste Aufstellung her oder war alles umsonst?"

Coach: „Tatsächlich passiert es häufiger, dass das Alte sich wieder einschleift. Wir Menschen sind eben auch ‚Gewohnheitstiere'. Eine Aufstellung ist genau wie eine Würdigung keine Zauberpille! Was passiert denn genau bei einer Aufstellung? Im Ist-Bild (1. Bild) kann man sehen, wo und zwischen wem der *eigentliche* Konflikt angesiedelt ist. Häufig zeigt sich dieser an einer anderen Stelle als vermutet. Wie geht es dann weiter? Wie Sie sich erinnern, haben wir durch verschiedene Prozessschritte, Würdigungen, Rücknahme von Zuständigkeiten usw., das Team ‚gut aufgestellt'.

Wir haben einen Platz für jeden von Ihnen gefunden, der in Abhängigkeit von Rangfolge und Länge der Zugehörigkeit als stimmig empfunden wurde.

Systeme haben ein Bedürfnis nach stimmiger Ordnung

Sie haben damit gesehen, wie es in Ihrem Team sein könnte und welche Schritte nötig waren, damit sich das System entspannen konnte.

Natürlich katapultiert Sie eine Aufstellung nicht automatisch dorthin! So einfach ist es leider nicht! Aber Sie gehen mit diesem neuen Bild in Ihren Teamalltag, und das verändert eine Menge. Und mit diesem erweiterten Bild arbeiten Sie an Ihren Zielvereinbarungen. Unterstützend wirkt auch, sich das Lösungsbild der Aufstellung abzuzeichnen und an einem Ort aufzuhängen, wo es alle sehen können, zum Beispiel in einer gemeinsamen Pausenecke.

Manchmal bewirken diese Maßnahmen schon eine deutliche Veränderung. Manchmal braucht es aber auch mehr. Denkbar wäre ein Follow-up-Tag, an dem Sie z. B. mit einer nächsten Aufstellung überprüfen können, wie weit die Lösung umgesetzt worden ist."

2. Aus der Aufstellungspraxis

Follow-up-Tag   Mit allen Beteiligten wurde ein Follow-up-Tag nach drei Monaten geplant. Das Ergebnis war: Die Zielvereinbarungen sind von allen Teammitgliedern angenommen worden. Das Team wirkte insgesamt entspannt und wieder voll arbeitsfähig. Die Beschwerden der Kunden sind zurückgegangen.

Coaching für Herrn Frank   Herrn Frank fällt es nach wie vor schwer, seine Führungsposition einzunehmen. Im Einzelcoaching möchte er mehr darüber erfahren. Sein Anliegen für das Coaching: „Was brauche ich, damit ich führen kann, ohne zu ‚bossen'?"

Wichtige Aussagen

1) Auch Konflikte innerhalb von Arbeitsteams lassen sich durch eine systemische Aufstellung klären.
2) Hinter einem Teamkonflikt kann sich ein Führungsproblem verbergen.
3) Das Aussprechen der aufgetretenen Probleme ist wichtig.
4) Um die gefundene Lösung umzusetzen, wird es vermieden, zum Problem zurückzukehren.

2.3 „Mein Laden ist klinisch tot!" Aufstieg und Absturz in der New Economy (Aufstellung in einem offenen Seminar)

Der IT-Unternehmer Paul Schnell ist 35 Jahre, Single und lebt in München. Den hoch gewachsenen, schlanken Mann, der etwas angestrengt durch seine dicken Brillengläser schaut, lernen wir in einem unserer offenen Seminare für Organisationsaufstellungen kennen. Im persönlichen Gespräch erleben wir Herrn Schnell als redefreudigen und extrovertierten Menschen.

Typische Biografie eines IT-Unternehmers

„Ich bin schon als Schüler Computerfreak gewesen", meint er lachend, „vor drei Uhr morgens habe ich die Kiste kaum einmal ausgeschaltet." Gemeinsam mit Freunden entwickelt er Begeisterung für die Welt der Bits und Bytes, und natürlich gehören sie zu den Ersten, die im Internet surfen. Als nach dem Abitur die Entscheidung für ein Studienfach ansteht, gibt es für ihn keine Frage: Informatik. In Deutschland und den USA lernt er nicht nur an den Unis, sondern auch in vielen Jobs und Praktika, worauf es ankommt. Er bastelt an neuen Programmen, und als er sein Studium beendet, ist er bereits Spezialist für fortgeschrittene Softwarelösungen.

Eine erste Anstellung bei einem Elektronikriesen bekommt er zwar sofort, verlässt diesen Arbeitsplatz aber bald wieder: „Die waren dort dermaßen langweilig und beamtenhaft. Ein typischer Old-Economy-Laden", sagt er herablassend. „Die kapieren doch heute noch nicht, worum es geht!"

Paul Schnell tut sich mit einem Studienkollegen und einem befreundeten Betriebswirt ihres Studienjahrgangs zusammen, um gemeinsam ein „Start-up-Team", die *Hype Technologies,* zu gründen – mit Sitz in Pauls Zweizimmer-Wohnung, die bald mit Computern vollgestopft ist.

Ein Start-up-Team startet erfolgreich durch

2. Aus der Aufstellungspraxis

Während Herr Schnell und sein Studienkollege neue internetgestützte Software für Anwender in der Industrie entwickeln, packt ihr BWL-Partner die Vermarktung an. Schon nach kurzer Zeit rollen die ersten lukrativen Aufträge ein. Die Kunden sind begeistert über die verbesserten, schnellen Abläufe. *Hype Technologies* mietet Büroräume an und stellt Mitarbeiter ein – junge, flexible Leute. Das Unternehmen „brummt" und wächst in atemberaubendem Tempo.

Das Problem im Unternehmen

Coach: „Nachdem Sie uns vorhin in der Pause erzählt haben, wie rasant es mit Ihrem Unternehmen begonnen hat, sind wir jetzt gespannt, worum es Ihnen geht! Wir sind ja dann unterbrochen worden ..."

Jetzt droht die Insolvenz

Herr Schnell: „Ja, da haben Sie schon den Punkt getroffen: ‚begonnen' hat. Jetzt geht nämlich nichts mehr! Der Laden ist klinisch tot! Wir sind praktisch pleite. Im Moment scheint die einzige Alternative zur Insolvenz, unser Unternehmen diesem Elektronikkonzern X zu verkaufen, diesem Beamtenladen."

Coach: „Das ist hart! Wie kam es dazu?"

Der Boom am Neuen Markt

Herr Schnell: „Bedingt durch unser unglaubliches Wachstum sind wir schon zwei Jahre nach unserer Wohnzimmergründung AG geworden. Wir wollten unbedingt an den Neuen Markt gehen. Ein Jahr später waren wir börsennotiert. Die Aktie ging ab wie eine Rakete! Wir waren ein Erste-Klasse-Tipp für New-Economy-Anleger."

Coach: „Bis es Sie dann kalt erwischte ..."

Herr Schnell: „Genau! Das muss ich ja wohl keinem hier groß erklären. *(Manche Teilnehmer nicken, als Herr Schnell sich in der Runde umschaut.)* Wir sind ja nun nicht die Einzigen, die es erwischt hat! Der Markt für unsere Produkte ging zurück. Es folgte der totale Einbruch der New Economy am Neuen Markt, und unsere Aktien fielen im Sturzflug in den Keller. Jetzt suchen wir fieberhaft nach Möglichkeiten, den völligen Absturz zu ver-

2.3 „Mein Laden ist klinisch tot!"

meiden. Wir haben da auch schon eine Möglichkeit, z. B. das Angebot des X-Konzerns, bei uns einzusteigen. Aber unsere Shareholder knirschen natürlich mit den Zähnen. Was wird aus ihrem Anlagevermögen? Wenn wir aufgeben und der Konzern dann nur noch das Tafelsilber kauft, können sie ihre Verluste nie ausgleichen. Eine peinliche Situation! Würde mich stinksauer machen, wenn ausgerechnet dieser verschnarchte Konzern jetzt unser ganzes Know-how bekäme! Aber was können wir tun?"

Coach: „Klingt so, als erhofften Sie sich hier ein kleines Wunder …"

Herr Schnell: „Nein, an Wunder glaube ich nicht, aber ich möchte wirklich wissen, was schief gelaufen ist und wie wir da möglichst gut wieder herauskommen. Und vor allem möchte ich nicht, dass mir so etwas noch mal passiert!"

Coach: „Wenn Sie erreichen wollten, dass Ihnen genau das wieder passierte – wie könnten Sie das hinkriegen?"

Herr Schnell: „Die Frage verstehe ich nicht. Genau das will ich doch gerade vermeiden!"

Coach: „Natürlich möchten Sie das nicht wiederholen. Das ist klar angekommen. Für uns ist die Frage trotzdem wichtig. Sie hilft uns, besser zu verstehen, wie Sie zum ganzen Geschehen und zu den anderen Akteuren stehen. Wir können Ihnen dann einen genaueren Vorschlag für Ihre Aufstellung machen."

Herr Schnell: „Hm. Na gut. Also, wenn ich das wieder hinkriegen wollte – mein Gott, ist ja lächerlich – ja, also, was würde ich tun? *(überlegt einige Augenblicke)* Na ja, ich würde dann alles wieder genauso unbekümmert und mit Vollgas angehen – und wahrscheinlich wieder gegen die Wand fahren!"

Coach: „O. k., das betrifft Ihr eigenes Handeln. Wen müssten Sie noch entsprechend impfen, um einen solchen Misserfolg zu wiederholen?"

Eine scheinbar absurde Frage hilft klären

2. Aus der Aufstellungspraxis

Ärger auf die etablierte Ordnung

Herr Schnell: „Wen noch? Meine Partner müssten genauso auf die Sache abfahren, und meine speziellen Freunde vom X-Konzern müssten wieder auf unseren Untergang lauern wie die Geier. Überhaupt, die ganze Old Economy … Die waren doch auf dem absteigenden Ast, als es bei uns boomte! Und jetzt heben sie mahnend den Zeigefinger, wollen uns belehren …
Dann gehört natürlich noch der Neue Markt dazu, die Wall Street, die gesamte globale Situation auf dem IT-Markt. Das spielt ja alles mit hinein. Die haben alle zur Krise in der New Economy beigetragen. Wir müssen sie alle mit aufstellen."

Coach: „Das klingt ziemlich heftig, wie Sie über den X-Konzern und die Old Economy sprechen!"

Herr Schnell: „Ja, ich bin ziemlich sauer, das muss ich schon sagen!"

Coach: „O. k., was soll sich für Sie durch die Aufstellung verbessern? Was soll sie Ihnen bringen?"

Herr Schnell: „Na, dass ich kapiere, was abgelaufen ist, und mich dann klar entscheiden kann, wie es weitergeht. Und dass ich solch eine Pleite nicht noch einmal erlebe."

Das Anliegen wird auf Lösungsorientierung geprüft

Coach: „Woran würden Sie merken, dass Sie die richtige Entscheidung getroffen haben und in Zukunft die Gefahren rechtzeitig erkennen können?"

Herr Schnell: *(überlegt)* „Ich hätte ein sichereres Gefühl. Ruhiger, nicht so hektisch. Ohne diese ganze Euphorie. Ich wäre nicht so festgelegt und hätte vielleicht mehrere Alternativen."

Coach: „Wissen Sie, was wir aufstellen? Wir machen es ganz einfach: Sie, die New Economy und die Old Economy. Einverstanden?"

Herr Schnell: „Ja, aber was ist mit meinem Unternehmen, meinen Partnern, dem X-Konzern, dem IT-Markt, der Wall Street? Ich habe einmal eine Aufstellung gesehen, in der es auch um Unternehmensprobleme ging. Alle, die mit der Firma zu tun hatten, wurden aufgestellt."

2.3 „Mein Laden ist klinisch tot!"

Coach: „Lassen Sie uns so einfach wie möglich starten. Das Thema ‚New und Old Economy' hat ganz offensichtlich Energie. Es hat Sie richtig geschüttelt vor Ärger. Wenn wir weitere Beteiligte brauchen, nehmen wir sie später dazu. O. k.?"

Für ein Maximum an Klarheit beginnt die Aufstellung mit dem Minimum

Herr Schnell stimmt zu, und der Coach bittet ihn, aus dem Kreis der Seminarteilnehmer jeweils einen Stellvertreter für sich selbst, einen für die Old Economy und einen für die New Economy auszuwählen.

Die Aufstellung

Herr Schnell wählt die Stellvertreter aus. Er bittet einen Mann für sich selbst, eine Frau für die New Economy und einen weiteren Mann für die Old Economy zu stehen.

Nach Anleitung des Coach führt er die Stellvertreter intuitiv, ohne vorheriges Konzept, an den Schultern durch den Raum, bis sie so zueinander in Beziehung stehen, wie es seiner Wahrnehmung entspricht. Nachdem er die Konstellation noch einmal überprüft hat, setzt er sich wieder und verfolgt das Geschehen von außen. Folgendes Bild ist entstanden:

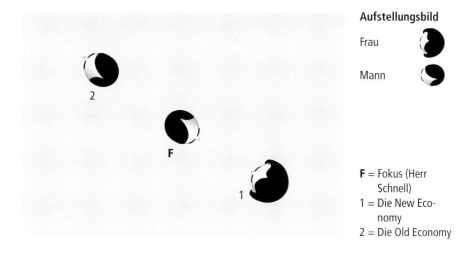

Aufstellungsbild

Frau

Mann

F = Fokus (Herr Schnell)
1 = Die New Economy
2 = Die Old Economy

2. Aus der Aufstellungspraxis

Der Coach übernimmt nun die Leitung der Aufstellung.

Das erste Bild zeigt eine Stärke ... Herr Schnell hat seinen Stellvertreter, den wir im Aufstellungsgeschehen Fokus (Position F) nennen, und den Repräsentanten für die New Economy (Position Nr. 1) einander gegenüber aufgestellt. Mit der Old Economy (Position Nr. 2) steht er Rücken an Rücken in einem Abstand von ca. zwei Metern.

Fokus und New Economy strahlen sich „wie verliebt" an. Der Fokus bekommt nach einigen Augenblicken „weiche Knie" und beschreibt ein unangenehmes Gefühl im Rücken. Seine Position im Raum wird so verändert, dass er neben der New Economy steht und beide auf die abgewandte Old Economy schauen. Er fühlt sich nun stärker und berichtet, seine weichen Knie seien plötzlich stabil. Beide Stellvertreter zeigen eine geringschätzige Haltung zur Old Economy. Deren Stellvertreter meint, es gehe ihm gut, nur möchte er endlich wissen, was da hinter seinem Rücken gespielt werde.

2. Bild

 Frau

 Mann

F = Fokus (Herr Schnell)
1 = Die New Economy
2 = Die Old Economy

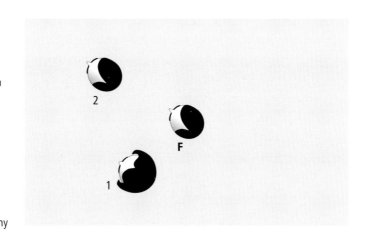

Das Überlegenheitsgefühl von Fokus und New Economy gegenüber der Old Economy löst sich in Luft auf, als der Coach deren Stellvertreter bittet, sich umzudrehen und die beiden anzuschauen. Die Old Economy zeigt sich von ihren Gegenübern völlig unbeeindruckt, während Letztere unruhig werden.

… die sich schnell in Luft auflöst

Der Coach inszeniert einen Dialog zwischen den Stellvertretern, in dem deutlich wird, dass Fokus und New Economy eine anmaßende Haltung eingenommen haben, die sie gegenüber der Old Economy schwächt. In der folgenden Prozessarbeit weigern sich beide Stellvertreter allerdings beharrlich, diese Haltung zu ändern und die Old Economy als ältere und größere Kraft anzuerkennen. Sie bleiben mit einem spürbaren Trotz bei ihrer abwertenden Haltung, obwohl sie sich unsicher und nervös fühlen.

Dem Fokus gelingt es erst, die Old Economy zu würdigen, als er sich auf Vorschlag des Coach ein wenig von der New Economy löst und ein paar Schritte auf die Old Economy zugeht. Er fühlt sich daraufhin etwas sicherer und ruhiger als vorher.

Das Neue bewegt sich aufs Alte zu

Herr Schnell wird jetzt gebeten, diese Position seines Stellvertreters einzunehmen, und erlebt sie ähnlich.

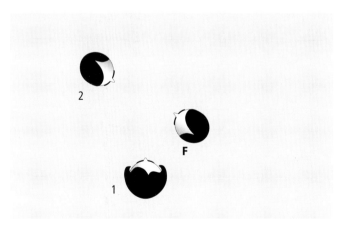

3. Bild

Frau

Mann

An dieser Stelle beendet der Coach die Aufstellung.

F = Fokus (Herr Schnell)
1 = Die New Economy
2 = Die Old Economy

2. Aus der Aufstellungspraxis

Wie es weitergeht
In folgendem Gespräch geht es um die Auswertung des Aufstellungsbildes und die weiteren Schritte für Herrn Schnell.

Coach: „Wir sind hier nicht bis zum Lösungsbild gegangen, sondern haben am Punkt der größten Kraft und Klarheit aufgehört. Die weiteren Schritte müssen ganz praktisch in der Alltagsrealität folgen."

Herr Schnell: „Ich habe verstanden, dass es mir schwer fällt, die Old Economy anzuerkennen. Aber warum ist das denn überhaupt nötig?"

Coach: „Ihr Stellvertreter wurde an der Seite der New Economy in der abwertenden Haltung gegenüber der Old Economy immer schwächer, erfuhr auch keinerlei Unterstützung durch die New Economy, die ja selbst weiter in die Knie ging. Mehr Kraft kam erst mit dem Schritt auf die Old Economy zu."

Herr Schnell: „Das habe ich gemerkt. Aber warum ist das so? Warum muss ich sie denn anerkennen? Sind die uns so überlegen?"

Vorrang der Überlebensbasis

Coach: „Wer hat sich besser und überheblich gefühlt? Die New Economy und Sie, richtig? Ja, und da liegt der Hase im Pfeffer. Es gibt die Old Economy schon sehr lange. Sie ist, wie der Name sagt, alt. Das bedeutet, sie hat bereits die wirtschaftliche Basis für alle späteren Entwicklungen zur Verfügung gestellt, bevor diese überhaupt aus dem Ei gekrochen waren. Ohne die großen Konzerne der klassischen Sparten gäbe es überhaupt keine New Economy. Das vergessen manche IT-Start-ups gerne. Sie sonnen sich im Glanz ihrer megaschnellen E-Worlds oder I-Worlds, ohne zu bemerken, dass sie ihr Spiel auf einem Rasen und in einer Umgebung spielen, die von den ‚Alten' zur Verfügung gestellt wurde.

Systemisch betrachtet hat derjenige einen Vorrang, der für die Überlebensbasis sorgt. Ihm gehört der erste Platz auf dem Spielfeld, denn ohne ihn gäbe es keine anderen

Spieler und kein Spiel! Dazu kommt hier, dass dieser Basis-Provider auch noch sehr viel länger seinen Job macht als die New Economy, und auch das räumt ihm einen Vorrang ein.

Wenn diese Fakten von den Unternehmen der New Economy anerkannt und gewürdigt werden, fahren sie einfach besser. Sie schließen sich damit an die Kraft an, die aus einer langen Tradition über sie in die Zukunft führt. Ihre Innovationen bekommen ein festes Fundament. Versuchen sie aber, sich über diejenigen zu stellen, die ihnen ihre Existenz überhaupt ermöglicht haben, dann tun sie so, als sei die Welt erst mit ihnen geboren worden. Das entspricht einfach nicht der Realität und gleicht dem Versuch, einen blühenden Ast vom Baum abzuschneiden, in die Vase zu stellen und dann auf Früchte zu hoffen.

Realitäten anzuerkennen stärkt, sie zu ignorieren schwächt

Wenn sie auch noch geringschätzig auf die Old Economy herabschauen, ziehen sie sich selbst vollends den Stecker raus. Diese Überheblichkeit schwächt sie so sehr, dass ihre Träume zerplatzen wie Seifenblasen – wie Sie es am Neuen Markt schmerzlich erfahren haben."

Herr Schnell: „Hm, und warum schwächt mich das? Das verstehe ich immer noch nicht."

Coach: „Es gibt so etwas wie einen systemischen Orientierungssinn. Er funktioniert als Gewissen. Dieses Gewissen hat nichts mit Moralvorstellungen zu tun, sondern mit einem unbewussten Wissen über systemische Ordnungen. Ein Beispiel für systemische Ordnung ist der eben erwähnte Vorrang der Überlebensbasis und der Früheren vor den Späteren. Das sind archaische Ordnungsprinzipien, die wir seit Urzeiten verinnerlicht haben. Ohne sie hätten unsere Vorfahren nicht überlebt. Sie steuern unser Verhalten unbewusst auch heute noch viel stärker, als wir es meist für möglich halten.

Systemische Odnungsprinzipien sitzen tiefer, als man denkt

Wenn Sie nun gegen eines dieser verinnerlichten Ordnungsprinzipien verstoßen, bestrafen Sie sich dafür

2. Aus der Aufstellungspraxis

selbst, beispielsweise durch Misserfolg oder durch Scheitern. Und, wie wir sehen, tun das nicht nur einzelne Menschen, sondern auch Unternehmen. Gewissermaßen stellen sie durch ihr Scheitern die Ordnung wieder her."

Herr Schnell: „Dann hätte ich mir also den Absturz meines Unternehmens selbst zuzuschreiben?"

Familienthemen können im Beruf reinszeniert werden

Coach: „Ganz so einfach ist es nicht. Sie haben diesen Prozess ja nicht nur als Einzelner durchlebt. Sie gehören zu Ihrer Generation, zu einer bestimmten intelligenten Entwicklungsströmung, und sind Teil der IT-Pioniere. Sie teilen die Werte und Ziele Ihrer Kollegen, nehmen an deren Boom und Absturz teil. Darüber hinaus gibt es sicherlich auch persönliche Faktoren. Was sich in der von Ihnen aufgestellten Konstellation zeigte, könnte auch mit Ihrem Familiensystem zusammenhängen. Oft wiederholen wir bestimmte Familienthemen im Berufsleben, reinszenieren gewissermaßen ein Drama mit anderen Darstellern."

Herr Schnell: „Hm, da könnte schon etwas dran sein. Meine Mutter war ja total begeistert von meinem Start-up, während mein Vater die Sache eher kritisch sah …"

Coach: „Wenn Sie möchten, können wir das in einem anderen Rahmen unter die Lupe nehmen."

Herr Schnell: „Ja, das hat mir meine Freundin auch schon vorgeschlagen. Aber wie geht es denn nun mit meinem Unternehmen weiter?"

Coach: „Wir können die nächsten Schritte im Einzelcoaching besprechen oder jetzt hier. Was ist Ihnen lieber?"

Herr Schnell: „Gleich hier wäre mir am liebsten. Jetzt sind wir doch mittendrin!"

Coach: „Es könnte sein, dass auch persönlichere Themen hier zu Sprache kommen. Wäre das o. k. für Sie?"

Herr Schnell: *(schaut sich um)* „Wenn es nicht zu sehr ans Eingemachte geht. Kein Problem!"

Eine Coachingsequenz im Seminar

Coach: „Gut. Wie ist es, wenn Sie jetzt an den X-Konzern denken? Sind Sie immer noch so sauer?"

2.3 „Mein Laden ist klinisch tot!"

Herr Schnell: „Nee, eigentlich nicht. Ich habe vorhin schon im Stillen gedacht, ich sollte doch noch einmal mit ihnen reden … Aber dieser ganze schwerfällige Apparat!" *(stöhnt)*

Coach: „Möglicherweise eröffnen sich noch andere Perspektiven als schwarz oder weiß – besonders wenn Sie derjenige sind, der auf den größeren Partner zugeht …"

Herr Schnell: „Verhandeln, meinen Sie? Nein, ich weiß nicht. Ich bin nicht so ein ausgefuchster Verkäufertyp. Ich bin halt ein IT-Mensch, und das kann ich gut, aber verhandeln … Wir haben schon mal überlegt, ob wir dafür jemanden einkaufen, einen Profi, der sich mit Konzernen auskennt und so richtig mit harten Bandagen kämpfen kann."

Verhandeln oder kämpfen?

Coach: „Warten Sie damit noch mal! Gibt es einen Ansprechpartner im Konzern, mit dem Sie ‚gut können'?"

Herr Schnell: „Ja, der Entwicklungschef ist eigentlich ganz o. k. Hat auch fachlich was drauf – im Gegensatz zu den anderen! Das sind doch eiskalte Akquisiteure! Aber der hat mit dem Einstiegsangebot des Konzerns ja nicht direkt etwas zu tun."

Coach: „Warum nehmen Sie nicht einfach mal Kontakt mit ihm auf? Wenn Sie sich mit ihm fachlich gut verstehen, entsteht über ihn möglicherweise eine Brücke zu seinen Kollegen in der Akquisition."

Herr Schnell: „Na ja, sie haben schon mal angedeutet, ihn in die Verhandlungen mit einzubeziehen."

Coach: „Sehr gut. Da kann sich etwas entwickeln. Aber – es wird sich nur unter einer Voraussetzung entwickeln!"

Herr Schnell: *(erstaunt)* „Und was soll das für eine Voraussetzung sein?"

Coach: „Dass Sie die Akquisiteure des Konzerns würdigen! Und ebenso die Vorstände und das, was Sie ‚Apparat' nennen – also das gesamte globale Netzwerk des Konzerns, seine Marktmacht, seine Geschichte – mit allem, was dazugehört."

Ohne Würdigung des Partners geht es wieder schief

2. Aus der Aufstellungspraxis

Herr Schnell: *(lacht)* „… das dicke Ende kommt immer nach!"

Würdigen ist die intelligentere Lösung

Coach: „Anders gesagt: Sie nehmen den Konzern so, wie er ist, mit all seinen Licht- und Schattenseiten. Das heißt würdigen! Nicht, dass Sie alles gut finden, aber es bewusst akzeptieren und in Kauf nehmen. So zahlen Sie freiwillig einen Preis. Das kommt auch bei der anderen Seite an. Die spüren das sofort. Wenn Sie dagegen nur die Finanzkraft des Konzerns in Anspruch nehmen, aber weiterhin denjenigen verachten, der Ihnen aus der Patsche hilft, brauchen Sie sich nicht zu wundern, wenn er sich bei Ihnen auch nur die Rosinen herauspickt und Sie dann am ausgestreckten Arm verhungern lässt! Wissen Sie, wie sich das ‚dicke Ende' leichter schlucken lässt? Mit einem Blick auf die andere Seite. Wie geht's denen denn wohl mit Ihnen? Auch nicht so besonders, oder? *(Paul Schnell nickt.)* Würdigen ist hier die intelligentere Lösung. Sie gehen als kleinerer Partner auf den Größeren und Älteren zu.

Damit setzen Sie ein Signal und erzeugen aktiv eine positive Resonanz. Wie man in den Wald hineinruft, so schallt es heraus. So gestalten Sie Ihr gewünschtes Ergebnis schon bewusst mit, bevor die Verhandlungen überhaupt begonnen haben! Das ist einfach intelligenter als Verweigerung, Verachtung und die Hoffnung auf einen Sieg im Kampf mit harten Bandagen – vor allem wenn man selbst Weltergewicht ist, der Gegner aber Schwergewicht."

Herr Schnell: „Ja, o. k., das leuchtet mir ein, danke!"
Coach: „Halten Sie uns auf dem Laufenden, und wenn es Fragen gibt, rufen Sie an!"

Paul Schnell nickt.

Ersetzt Würdigung den Kampf?

Ein anderer Teilnehmer: „Ich habe noch mal eine Frage zum Thema ‚Würdigen'. Hier hat es mir eingeleuchtet. Aber ist das denn immer die Lösung? Muss man denn nicht manchmal auch hart sein und kämpfen?"

Coach: „Ja, natürlich. Manchmal müssen wir kämpfen. Dann am besten so wie ein guter Samurai: entschlossen, ruhig und mit vollem Einsatz. Aber wissen Sie, wie ein Samurai seinen Gegner betrachtet? Mit dem größten Respekt! Denn ein guter Gegner hilft ihm, sich selbst zu besiegen: seine eigene Überheblichkeit, Unentschlossenheit und Feigheit. Wer mit Ärger oder Verachtung kämpft, hat gegen einen ruhig konzentrierten Gegner schon verloren.

Deshalb würdigen die Samurai ihre Gegner. Das gibt auch ihnen Würde. Die wichtigste Entscheidung aber fällt vor dem Kampf – ähnlich wie bei Herrn Schnell. Ist ein Kampf hier das angemessene Mittel? Wirklich gute Samurai kämpfen äußerst selten. Sie siegen, ohne zu kämpfen – mit Würde und Würdigung. Daher der Satz: ‚Das beste Schwert bleibt immer in der Scheide.' Es wird nur gezogen, wenn keine andere Wahl mehr bleibt.

Vergleichen Sie das mal mit unseren alltäglichen Kampfgewohnheiten – mit den Schwertern der Sprache! Wir kappeln uns oft schon um lächerliche Kleinigkeiten – und nehmen uns und anderen so die Würde."

Ein dritter Teilnehmer: „Na ja, die Würde der alten Samurai, o. k. – aber die haben doch in einer völlig anderen Welt gelebt. Für sie war Würdigung ja vielleicht wirklich wichtig. Aber wo ist denn das für uns heute im Alltag praktikabel?"

Coach: „Überall dort, wo wir vergeblich kämpfen, statt etwas einfach zu lösen. Ich möchte Ihnen ein Beispiel für solch überflüssige Kämpfe gegen Windmühlenflügel nennen. Sie fahren auf der Landstraße hinter einem langsamen LKW. Sie haben es eilig, können aber aufgrund der kurvenreichen Strecke und des starken Gegenverkehrs nicht überholen.

Die innere Herausforderung auf der Landstraße

2. Aus der Aufstellungspraxis

Was tun Sie? Nun, wahrscheinlich beginnen Sie leise oder laut zu schimpfen und den LKW und seinen Fahrer zu verfluchen. Vielleicht haben Sie sogar die Fantasie, ihn von der Straße zu pusten, wie wir das in vielen Fernsehserien von erfolgreichen Vorbildern demonstriert bekommen. *(Lachen der Teilnehmer)*

Würdigen statt schimpfen

Aber es nützt Ihnen nichts. Sie haben nämlich keine Laserwaffe an Bord. Und mit Schimpfen wird es auch nicht besser. Sie ändern also nichts weiter, als Ihre unangenehme Situation der Verspätung noch zusätzlich zu verschlimmern, indem Sie Ihren Puls hochjagen und sich mit schlechter Laune den Tag vermiesen.

Versuchen Sie es mal mit Würdigung. Das wirkt manchmal Wunder! Würdigen Sie den LKW-Fahrer, der einfach seinen Job macht und sein Fahrzeug verantwortungsvoll steuert. Er kann nicht schneller fahren, ohne andere Menschen und seine Ladung zu gefährden.

Das wirkt auf Sie zurück und gibt Ihnen selbst auch mehr Würde als das Schimpfen und Fantasieren. Und wissen Sie, was dann manchmal passiert? Der LKW-Fahrer fährt rechts heran und winkt Sie vorbei. Darauf gibt es keine Garantie, aber ich habe es schon erlebt."

Wichtige Aussagen

1) Das systemische Gewissen orientiert sich an systemischen Ordnungen. Ein Ordnungsprinzip besteht darin, dass ältere Strukturen (z. B. Old Economy) einen Vorrang vor neueren (z. B. New Economy) haben.
2) Wer gegen systemische Ordnungsprinzipien – bewusst oder unbewusst – verstößt, schadet sich selbst.
3) Oft sind belastende Themen in Beruf oder Unternehmen Neuinszenierungen von alten Familienthemen.
4) Den anderen zu würdigen, also so zu akzeptieren, wie er ist, bewahrt vor vergeblichem Kampf.

2.4 *„Eine schlimme Bauchlandung!"*
Eine Trainerin fühlt sich gemobbt
(Aufstellung in einem offenen Seminar)

Barbara Berg ist als freie Trainerin in einem größeren Trainingsinstitut im süddeutschen Raum tätig. Sie ist 33 Jahre alt, verheiratet, hat keine Kinder. Ihren Berufsweg bezeichnet sie selbst als „gerade". Nach dem Abitur studierte sie Wirtschaftswissenschaften. Mit ihrem guten Abschluss fand sie sofort einen attraktiven Job in einer Wirtschaftsprüfungsgesellschaft. Anfänglich machte ihr die „Zahlenarbeit" Spaß, sie war engagiert und beliebt bei Kollegen und Kunden. In ihrer Beratungstätigkeit bekam sie auch viele Kommunikationsprobleme ihrer Kunden mit, bei denen sie aber mangels fachlicher Qualifikation nicht helfen konnte. Sie verspürte jedoch zunehmend das Bedürfnis, auch in diesem Bereich beratend tätig zu sein, und suchte nach entsprechenden Weiterbildungsmöglichkeiten. Außerdem fühlte sie sich zunehmend durch ihren Angestelltenstatus eingeengt.

Nach längerem Prüfen der Angebote und Alternativen entschloss sie sich zu einer Ausbildung zur Kommunikationstrainerin, Moderatorin und Prozessmanagerin. Dieses Lernfeld entsprach genau ihren neu entdeckten Bedürfnissen. So verstand sie jetzt besser, wie entscheidend klare Kommunikation für den Erfolg eines Unternehmens ist. Nach der Ausbildung hatte sie das Glück, als freie Trainerin im Fortbildungsinstitut arbeiten zu können. Die Tage des Kleinstadtlebens waren vergessen! Jetzt lernte sie Deutschland und die Business-Hotels kennen. Aperitif in Hamburg, drei Tage später mit dem Flieger nach Düsseldorf, ein Tag am heimischen Herd, und es ging schon wieder weiter.

Der Sprung ins freiberufliche Trainerleben ...

Da sie als Co-Trainerin begann, war es für sie kein Sprung ins kalte Wasser. Sie konnte vom Know-how erfahrener Kollegen profitieren, sich austauschen und nebenbei ihren neuen

Lebensstil genießen. Dann kam die große Herausforderung! Nachdem sie schon einige Seminare geleitet hatte, sollte sie für einen Großkunden des Instituts selbstständig eine Reihe von Teamentwicklungsmaßnahmen durchführen.

… beginnt für Frau Berg mit einer Bauchlandung

Obwohl konzeptionell gut vorbereitet, erlebte sie dort die bisher schlimmste Bauchlandung ihrer beruflichen Laufbahn.

Das Problem mit einem Trainingsauftrag

Frau Berg bittet um einen Beratungstermin. Im Erstgespräch schildert sie, worum es ihr geht.

Frau Berg: „Ich habe eine ziemlich schlimme ‚Bauchlandung' hinter mir. Momentan stellt sich für mich die Frage, ob ich nicht doch zu meinen ‚Zahlen' zurückkehren sollte! Da bewege ich mich auf sicherem Boden."

Coach: „Was ist der unsichere Boden?"

Das Projekt wurde Frau Berg entzogen

Frau Berg: „Da sind wir schon beim Thema. Ich arbeite seit einiger Zeit auf freiberuflicher Basis als Kommunikationstrainerin für ein Trainingsunternehmen. In diesem Institut habe ich auch meine Ausbildung gemacht. Jetzt habe ich zum ersten Mal ein größeres Projekt zu betreuen. Und schon das erste Seminar ist voll danebengegangen. Jedenfalls wurde mir danach das gesamte Projekt entzogen. Ein Kollege, der schon länger im Team ist, führt es weiter."

Coach: „Das ist hart! Was wurde Ihnen vorgeworfen?"

Frau Berg: „Angeblich waren die Teilnehmer nicht zufrieden. Aber das ist ‚Schmarrn'. Wenn dem so wäre, würde ich mit meiner Wahrnehmung völlig danebenliegen! Die Feedbackbögen habe ich leider nicht einsehen dürfen, die wurden sofort von einer Teilnehmerin eingesammelt und weitergeleitet. Zuerst dachte ich, das sei in diesem Unternehmen vielleicht so üblich. Nach meinem Rausschmiss kamen mir jedoch Zweifel. Ich war hinterher so

2.4 „Eine schlimme Bauchlandung!"

fertig, dass ich mich am liebsten vor Scham verkrochen hätte!"

Coach: „Da mussten Sie hartes Lehrgeld zahlen! Die Frage ist, wofür? Ist das auch Ihre Frage? Oder geht es Ihnen um das Thema, das Sie am Anfang angesprochen haben? *(Die Klientin gibt zu verstehen, dass sie nicht weiß, wovon er spricht.)*
Sie sprachen am Anfang davon, zu den ‚Zahlen' zurückzugehen. Geht es Ihnen darum?"

Frau Berg: „Nein, das hat sich vielleicht so angehört. In meinen alten Job kann ich immer noch zurückkehren. Das wäre der einfachste Weg! Ich habe nach dem Studium als Wirtschaftsprüferin angefangen. Nein, so schnell gebe ich nicht auf! Ich möchte wissen, was da eigentlich abgelaufen ist, damit ich wieder Zutrauen in meine Fähigkeiten bekomme. Momentan bin ich voller Zweifel! Auf der letzten Teamtagung wurde natürlich auch über meinen ‚Fall' diskutiert. In einer Pause kam ein Kollege mit den Worten auf mich zu: ‚Da musst du ja wirklich was verbockt haben. So schnell wird man doch nicht hinausgeschmissen!' Meine erste Reaktion war Empörung. Doch hinterher hat mich das, was er gesagt hat, sehr beschäftigt.
Deshalb meine Frage: Wenn ja, was hat das mit mir zu tun? Das möchte ich gern erfahren. Außerdem: Was kann ich tun, damit mir das nicht wieder passiert? Im Moment bin ich froh, nur konzeptionell zu arbeiten. Aber das ist natürlich auf Dauer keine Lösung!" **Was hat dieser Herauswurf zu bedeuten?**

Coach: „O. k., die Richtung wäre damit klar. Sie wissen, dass wir systemisch arbeiten?"

Frau Berg: „Ja. Ein wenig kenne ich diese Arbeit. Ich habe einmal an einer Familienaufstellung teilgenommen. Das war hochinteressant!"

Coach: „Gut, dann möchte ich Sie jetzt bitten zu schildern, was in diesem Seminar abgelaufen ist. Wir brauchen nur die Fakten!"

Frau Berg: „Nur die Fakten? Ich werde es versuchen. Ich spüre, wenn ich an dieses Seminar denke, gehe ich durch ein Gefühlsbad! Muss ich den Namen des Unternehmens nennen?"

Coach: „Nein, das ist für unsere Arbeit nicht nötig!"

Teamtraining für Projektleiter

Frau Berg: „Dann fange ich mal an. Der Auftrag kam über unser Trainingsteam. Die Einzelheiten dieses Projektes habe ich mit meinem Teamleiter und der Personalentwicklerin des Unternehmens abgesprochen. Das Thema war Teamtraining für neue Projektleiter. Es waren acht zweitägige Seminare geplant mit jeweils einem Follow-up-Tag."

Coach: „Acht verschiedene Gruppen?"

Frau Berg: „Ja, genau."

Coach: „Es geht also um die erste Gruppe, richtig?"

Frau Berg: „Ja, die nächste Gruppe hat dann schon mein Kollege übernommen. Es waren sechzehn Teilnehmer, fünfzehn Männer, eine Frau. *(zögert)* Ja, die Frau war auf seiner Seite, das hätte ich fast vergessen."

Coach: „Von wem sprechen Sie?"

Frau Berg: „Ich spreche von dem Teilnehmer, der meiner Meinung nach den Rausschmiss bewirkt hat! Den Namen möchte ich nicht nennen. Können wir ihn Herrn P. nennen?"

Coach: *(stimmt zu)* „Erzählen Sie weiter!"

Ein Teilnehmer provoziert die Trainerin

Frau Berg: „Dieser Teilnehmer störte das Seminar fast von Anfang an."

Coach: „Was genau tat er?"

Frau Berg: „Er stellte ununterbrochen provozierende oder alberne Fragen. Ich hatte aber das Gefühl, er wollte bloß auf sich aufmerksam machen. Natürlich fragte ich mich auch, was das ganze Theater soll. Was wollte er damit erreichen? Ich fühlte mich, ehrlich gesagt, überfordert."

Coach: „Was taten Sie, um ihn zu stoppen?"

Frau Berg: „Na ja, ich hoffte, wenn ich einfach mein Konzept weiterfahre und nicht reagiere, wird es ihm vielleicht

2.4 „Eine schlimme Bauchlandung!"

langweilig. Das war aber nicht der Fall. Im Gegenteil! Seine Albernheiten wurden immer kindischer. Ich wusste mir keinen Rat mehr. Das hat er bestimmt gespürt!"

Der Coach fragt, was sie damit meine.

„Zum Beispiel verließ er mehrmals lautstark den Seminarraum, um zu telefonieren. An eine Situation kann ich mich noch genau erinnern: Alle Teilnehmer arbeiteten konzentriert in Kleingruppen. Seine Gruppe war schon fertig. Wieder ging er in der gleichen provozierenden Weise hinaus und kam laut schmatzend mit einem Apfel zurück. Da reichte es mir!"

Coach: „Hört sich nach Machtkampf an! Was könnten Sie getan haben, um ihn zum Kampf herauszufordern?"

Frau Berg: „Ich? Na hören Sie mal! Ich bin hier doch das Opfer! Mich hat man herausgekickt!
(Schweigen) Tut mir Leid! Aber wenn ich Sie richtig verstanden habe, hätte ich mir das alles selbst zuzuschreiben?"

Coach: „Sie fühlen sich als Opfer und ungerecht behandelt. Das verstehe ich. Wie Sie jedoch die Seminarsituation beschreiben, wirkt es, als hätten Sie etwas getan oder gesagt, das ihn provozierte. Deshalb möchte ich Ihnen eine Frage stellen, die Ihnen vielleicht merkwürdig vorkommen mag: Was hätten Sie tun müssen, um sein Verhalten noch mehr zu verstärken?"

Frau Berg: „Diese Frage hört sich für mich tatsächlich absurd an! Worauf wollen Sie hinaus?"

Coach: „Ja, die Frage klingt erst einmal absurd. Wenn wir aber eine Lösung finden wollen, kann Ihre Antwort uns möglicherweise weiterhelfen."

Frau Berg: „Sie meinen, was *ich* hätte tun müssen? Das verstehe ich nicht. Er ist doch der Störer. Ich habe doch nur reagiert! Genau gesagt, habe ich natürlich vermieden, darauf zu reagieren. Ich habe mein Konzept durchgezogen. Das habe ich Ihnen ja bereits gesagt. Der Rest der Gruppe wollte ja wirklich arbeiten!"

> **Zu jedem Kampf gehören wenigstens zwei**

> **Ist Frau Berg nur das Opfer?**

Coach: „Die anderen Teilnehmer waren auf Ihrer Seite?"

Frau Berg: „Ja, bis auf die einzige Frau in der Gruppe. Sie amüsierte sich laufend über seine Albernheiten. Ich glaube, die beiden kannten sich auch persönlich. Den anderen war es nur unangenehm. Das ist es ja gerade, was ich nicht verstehe! Bis auf diese beiden waren alle vollauf begeistert von dem Pilotseminar und hatten schon Themen für den Follow-up-Tag gesammelt. So ging ich trotzdem ganz beschwingt und euphorisch aus dem Seminar. Dann diese Blamage! Können Sie sich das vorstellen? Aber ich merke jetzt allmählich, dass sich mit der Vogel-Strauß-Taktik nichts verändert."

Coach: „Da scheinen Sie jemandem kräftig auf die Füße getreten zu sein, der dazu noch die Macht und wahrscheinlich die Verbindungen hat, Sie hinauszumobben. Deshalb meine Frage noch einmal: Was hätten Sie tun müssen, um Herr P.s Angriffe noch zu steigern?"

Frau Berg: „Das Einzige, was ich mir vorstellen könnte: wenn ich ihn noch mehr ignoriert hätte. Ignoriert habe ich aber nicht ihn, sondern nur seine Albernheiten. Was hätte ich sonst noch tun können?"

Coach: „Es ist nicht mein Job, Ihr Verhalten als Seminarleiterin zu beurteilen. Sie wollen eine Lösung für Ihr Problem finden. Wichtig wäre dafür, dass Sie sich genau erinnern, wann ‚die Milch sauer' wurde. Wann fing Herr P. an zu stören? Was genau passierte da?"

Frau Berg: „Das weiß ich eben nicht. Zu Beginn hat er, wie alle anderen Teilnehmer, mitgemacht. Ehrlich gesagt, war er mir jedoch von Anfang an nicht besonders sympathisch. Wäre er nicht ein Mann, würde ich sagen, er benahm sich wie eine Diva. Irgendwie hatte er ein exaltiertes Gehabe. Aber nicht mit jedem, der mir unsympathisch ist, passiert so etwas! Warum nur mit ihm? Ich kann mich erinnern, dass sich sein Verhalten in der zweiten Sitzung am ersten Vormittag veränderte. Aber der Anlass – keine Ahnung! Ist das so wichtig?"

Was läuft beim Mobbing wirklich ab?

Was war der Auslöser?

2.4 „Eine schlimme Bauchlandung!"

Coach: „Damit haben Sie eventuell unbewusst die Weichen auf Kampf gestellt! Um herausfinden, was, systemisch gesehen, schief gelaufen ist, schlage ich Ihnen eine Aufstellung vor, vorzugsweise mit neutralen Stellvertretern."

Frau Berg stimmt dem Vorschlag zu.

Die Aufstellung

Frau Berg schildert im Seminar noch einmal für alle Teilnehmer die Situation, in der sie sich gemobbt fühlte. Das Vorgespräch liegt ungefähr vier Wochen zurück. Sie ist noch immer emotional sehr betroffen, und wir müssen sie öfter daran erinnern, nur über die Fakten zu berichten.

Wir benötigen für eine Aufstellung keine Charakterisierungen von Personen. Die Stellvertreter geraten sonst in die Versuchung, sich nicht auf ihre eigene Wahrnehmung, sondern auf Schilderungen des Klienten zu verlassen und diese zu inszenieren.

Coach: „Frau Berg, ist Ihr Anliegen so geblieben oder hat es sich seit unserem Vorgespräch verändert?"

Sie antwortet, ihr wäre durch das Vorgespräch mit dem Coach noch deutlicher geworden, wie wichtig es sei, genau hinzuschauen. Dazu sei sie jetzt bereit. „Mit Herzklopfen!", fügt sie hinzu. Nein, ihr Anliegen habe sich nicht verändert. Mithilfe des Coach formuliert sie es in einem Satz:

Das Anliegen in einem Satz

> „Ich möchte wissen, was dort abgelaufen ist und was mir hilft, mit solch einer Situation besser klarzukommen."

Der Coach bittet sie, zunächst nur zwei Stellvertreter auszuwählen: eine Stellvertreterin für sie selbst und einen Stellvertreter für Herrn P.

2. Aus der Aufstellungspraxis

Sie zögert bei der Wahl des Stellvertreters für Herrn P. lange.

Coach: „Sie müssen niemanden wählen, der äußere Ähnlichkeiten mit ihm hat oder sich ähnlich verhält wie er. Jeder hier im Raum kann diese Rolle übernehmen."

Sie wählt für sich selbst eine Frau und für Herrn P. einen Mann.

Eine Aufstellungsvariante mit nur zwei Stellvertretern

Frau Berg stellt auf:
- eine Stellvertreterin für sich selbst und
- einen Stellvertreter für Herrn P.

Sie stellt zuerst den Stellvertreter von Herrn P. auf, danach positioniert sie ihre Stellvertreterin in Beziehung zu ihm, und zwar Herrn P. gegenüber, jedoch seitlich von ihm abgewendet.

1. Bild

 Frau

 Mann

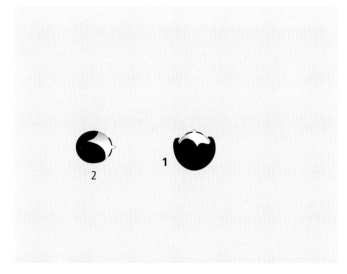

1 = Die Stellvertreterin von Frau Berg
2 = Der Stellvertreter von Herrn P.

Die Atmosphäre wirkt sehr spannungsgeladen. Nach einiger Zeit bitten wir die beiden, sich, ohne zu sprechen, im Raum zu bewegen, das heißt ihren Bewegungsimpulsen so lange zu folgen, bis die Bewegung von selbst endet. Diese Variante verlangt von den Stellvertretern viel Einfühlungsvermögen. Sie müssen sich ohne Worte ganz auf ihre Rolle einlassen und spüren, wohin die Bewegung geht.

Die Stellvertreter folgen ihren Bewegungsimpulsen

Diese anspruchsvolle Aufstellungsform hat den Vorteil, dass Dynamiken besonders deutlich sichtbar werden können, insbesondere dann, wenn nur zwei Personen aufgestellt werden.

Nach einiger Zeit beginnt der Stellvertreter von Herrn P. sich zu bewegen. Langsam verändert er seine Position, bis er ihr gegenübersteht und sie anschauen kann. Sie verändert ihre Position nicht, während er näher kommt. Erst als er sie direkt konfrontiert und anschaut, wendet die Stellvertreterin sich abrupt ab, bis sie wieder seitlich zu ihm steht. Diese Bewegung wiederholt sich einige Male auf dieselbe Weise. Es sieht so aus, als wenn er sich immer wieder aufs Neue vergeblich bemühte, gesehen zu werden oder etwas zu konfrontieren. Den Grund können wir zu diesem Zeitpunkt nur ahnen.

Frau Bergs Stellvertreterin wendet sich immer wieder ab

Verbergen sich hinter dem eigentlichen Thema (der Störung von Herrn P. in der Seminarsituation) noch weitere?

Wir sind gespannt zu hören, wie Frau Berg selbst das Geschehen erlebt hat.

Coach: „Sie wirken nachdenklich!"
Frau Berg: „Ja! Ich bin sehr mit dem beschäftigt, was ich gesehen habe. Ich möchte im Moment dazu nichts sagen. Ich brauche noch etwas Zeit!"
Coach: „O. k., hören wir mal, was die Stellvertreter erlebt haben!"

2. Aus der Aufstellungspraxis

Das Feedback der Stellvertreter lässt neue Zusammenhänge ahnen

Die Stellvertreterin von Frau Berg: „Es ging mir von dem Zeitpunkt an nicht gut, als ich an Herrn P. vorbeigeführt wurde. Als ich dann an meinem Platz stand, fühlte ich mich immer schwächer, und von ihm *(zeigt auf P.)* ging etwas aus, mit dem ich nichts zu tun haben wollte. Ich kann nicht genau sagen, was es war. Ich verspürte keinen Impuls, mich zu bewegen. Erst als er direkt vor mir stand, war mir klar: ‚Jetzt will er etwas von mir!' Ich wollte nur noch weg, kam aber auch nicht wirklich von ihm los. Er kam hartnäckig immer hinterher. Das hat sich ja ein paarmal wiederholt."

Coach: „Wie geht es Ihnen jetzt?"

Stellvertreterin von Frau Berg: „Nachdem dieses Spiel sich mehrere Male wiederholte, veränderte sich meine Stimmung. Ich nahm ihn nicht mehr ernst. Auch kam Trotz in mir auf."

Der Coach fragt, ob er das Wort richtig verstanden hat.

„Ja, Trotz! Außerdem werde ich langsam ‚stinkig'. Bei der letzten Wiederholung hatte ich einen Satz auf der Zunge. Soll ich ihn sagen?"

Der Coach nickt zustimmend.

„‚Das, was du von mir willst, bekommst du nie im Leben!'"

Coach: *(wendet sich an Frau Berg)* „Da zeigen sich ja neue Schauplätze!"

Frau Berg: *(schüttelt den Kopf)* „Ich weiß nicht, was das zu bedeuten hat."

Der Coach wendet sich jetzt an den Stellvertreter von Herrn P.

Verachtung und Suche nach Aufmerksamkeit

Herr P.: „Anfänglich fühlte ich mich sehr mächtig, fast übermächtig, wie aufgeblasen. Auch Verachtung war da. Mir lag auf der Zunge: ‚Dich nehme ich nicht ernst!' Trotzdem war es aber für mich sehr wichtig, dass sie mich anschaute! Das hatte schon etwas Zwanghaftes. Ich musste es immer wieder versuchen. Irgendwann hatte ich das Gefühl, es ist zwecklos. Das Spielchen könnten wir ewig weiterspielen!"

2.4 „Eine schlimme Bauchlandung!"

Der Coach wendet sich wieder an Frau Berg.

Coach: „Es wirkt so, als wenn hier Themen mit hineinspielen, die wir in diesem Rahmen nicht lösen können. Es könnte sein, dass Herr P. in Ihrem Seminar seine eigene Familiengeschichte reinszeniert hat. Eventuell hat er Sie mit jemandem aus seinem Familiensystem verwechselt. Das kommt häufiger vor, als man es sich vielleicht vorstellen kann. Das ist natürlich nur eine Vermutung. Genaues könnten wir herausfinden, wenn Herr P. hier wäre und für sein Verhalten in der Seminarsituation eine Lösung suchte."

Frau Berg: *(unterbricht den Coach)* „Obwohl ich nicht ganz verstehen kann, was Sie sagen, fand ich vorhin die Szenerie äußerst merkwürdig. Als sich die Stellvertreter bewegt haben, wusste ich manchmal nicht mehr, worum es hier eigentlich geht! Ich erinnere mich, dass ich auch damals im Seminar ähnliche Gefühle hatte, sie aber als Spinnerei abtat. Aber selbst, wenn Ihre Vermutung stimmt, was kann *ich* da machen? Er ist ja nicht hier!"

Wurde Frau Berg Opfer einer Verwechslung?

Coach: „Sicherlich ist niemand völlig davor geschützt, ‚Opfer' einer systemischen Verwechslung zu werden. Meist beruht diese Verwechslung jedoch auf Gegenseitigkeit. Wo sich niemand zum Verwechseln anbietet, kann nichts verwechselt werden! Es gehören mindestens zwei dazu. Wenn Sie sich an den Bewegungsablauf der beiden Stellvertreter erinnern: Was fiel auf? Unter anderem wurde deutlich, dass Sie sich gegenseitig mit Ihren Bedürfnissen nicht ernst nahmen. Die Aussagen der Stellvertreter haben das ja noch bestätigt. Was aber sagt Ihnen, in Bezug auf Ihre Seminarsituation, der Satz: ‚Das, was du von mir willst, bekommst du nie im Leben!'"

Frau Berg: „Mir geht dieser Satz, seit er in der Aufstellung fiel, im Kopf herum. Eine Situation aus dem Seminar ist mir plötzlich wieder eingefallen, die ich völlig vergessen hatte. Ich weiß nicht, ob es bedeutsam ist."

2. Aus der Aufstellungspraxis

Eine überspielte Verletzung

Coach: „Worum ging es?"

Frau Berg: „Am ersten Vormittag hatten wir über die Rolle eines Projektleiters gesprochen und das Anforderungsprofil mit der Moderationsmethode erarbeitet. Ich kann mich erinnern, dass ich irgendwann sagte: ‚Wenn Sie dann alle Projektleiter sind …' Daraufhin erwiderte die Teilnehmerin: ‚Wieso, Uwe *(Herr P.)* ist doch schon Projektleiter!'
Worauf Herr P. ironisch in die Runde warf: ‚Ist doch verzeihlich, solch eine Kleinigkeit zu vergessen.' Und an die Teilnehmerin gewandt: ‚Sei doch nicht so streng mit unserer Trainerin.' Er meinte natürlich genau das Gegenteil! Das war mir schon klar. Mir fiel dann hinterher ein, dass er das tatsächlich in der Vorstellungsrunde gesagt hatte. Es war mir entfallen, oder vielleicht hatte ich auch nicht genau hingehört."

Coach: „Bingo! Da haben Sie bei ihm eine wunde Stelle getroffen und unabsichtlich alte Gefühle, die nichts mit Ihrer Arbeitsbeziehung zu tun haben, bei ihm aktiviert. Das war der Auslöser einer Kettenreaktion!"

Frau Berg: „Meinen Sie? *(wirkt nachdenklich)* Das wäre doch aber ein Armutszeugnis für ihn, oder? Dass er beleidigt war, hatte ich schon gespürt."

Coach: „Wie haben Sie reagiert?"

Frau Berg: „Überhaupt nicht! Ich fand seine Reaktion einfach kindisch! Darauf wollte ich mich nicht einlassen. Meinen Sie im Ernst, das könnte der Auslöser gewesen sein?"

Coach: „Ja! Das können wir aber in der Aufstellung gleich austesten."

Der Coach bittet die Stellvertreterin von Frau Berg, ihre Position so zu verändern, dass sie ihm (dem Stellvertreter von Herrn P.) genau gegenübersteht.

Coach: „Schauen Sie ihn an und sagen Sie ihm: „Ich habe Ihre Position als Projektleiter nicht anerkannt. Das tut mir Leid!"

Anerkennung der Position ist ein Schritt zur Lösung

Schon bei den Worten des Coach nickt der Stellvertreter von Herrn P. bestätigend. Sie aber schüttelt den Kopf.

Auf die Frage, ob diese Sätze für sie nicht stimmen, sagt sie: „Nein, das ist es nicht. Es geht nicht. Ich bekomme das nicht über meine Lippen."

Die Arbeitsbeziehung wird geklärt

Der Coach wendet sich an die übrigen Teilnehmer:
„Vielleicht braucht sie zuerst eine Würdigung!?"
Nach einer Weile zur Stellvertreterin von Frau Berg:
„Versuchen wir es anders. Schauen Sie ihn an und sagen Sie ihm: „Ich bin Ihre Seminarleiterin und Sie mein Teilnehmer.""
Sie spricht diesen Satz aufatmend nach.
„Wir haben etwas gemeinsam. Beide sind wir neu in unserem Job, Sie als Projektleiter und ich als Trainerin in Ihrem Unternehmen."
Auch diese beiden Sätze kann sie leicht sagen. Sie wirkt entspannter. Wir fragen ihn: „Ist das bei Ihnen angekommen?" „Ja, angekommen, aber da fehlt noch etwas!"
Wir bitten ihn, auch sie anzuschauen und ihr zu sagen:
„Sie sind meine Seminarleiterin und ich Ihr Teilnehmer. Wenn ich etwas in unsere Arbeitsbeziehung hineingemischt habe, das woanders hingehört, tut es mir Leid. Das hat nichts mit Ihnen zu tun!"
Jetzt ist auch sie in der Lage, ihm zu erwidern:
„Ich habe Ihre Position als Projektleiter nicht anerkannt. Es tut mir leid." Abschließend sagt sie ihm ebenfalls:
„Wenn auch ich etwas hineingemischt habe, was nichts mit unserer Arbeitsbeziehung zu tun hat, tut es mir Leid. Es hat nichts mit Ihnen zu tun."

Die gemeinsame Betroffenheit löst

2. Aus der Aufstellungspraxis

Nach diesen Prozessschritten können sich beide anschauen. Frau Berg, die immer noch am Rand sitzt, wirkt sichtlich erleichtert.

Coach: „Möchten Sie sich selbst einmal an Ihren Platz stellen?" Sie zögert, schüttelt den Kopf.

Die Aufstellung wirkt für die Klientin unmittelbar erleichternd

Frau Berg: (*nach einer Weile*) „Mir ist ein Stein vom Herzen gefallen, als er meine Rolle als Leiterin anerkannt hat. Ich habe das richtig körperlich gespürt. Das hat so gut getan! Es war für mich ein wichtiges Erlebnis zu spüren, wie wichtig Anerkennung ist. Das habe ich jetzt kapiert! Als meine Stellvertreterin ihn anerkannte, konnte ich zustimmen. Ein rundes Bild für mich! Danke. Ich habe aber noch eine Frage."

Der Coach bittet sie, erst die beiden Stellvertreter aus ihren Rollen zu entlassen.

Später: „Worauf muss ich achten, wenn ich wieder in solch eine Situation komme? Ich kann ja schlecht wie in der Aufstellung zu jemanden sagen: ‚Sie sind der Projektleiter, und ich achte das.' Haben Sie da ein paar Tipps für mich?"

Anerkennen heißt nicht bewerten

Coach: „Ja, eine wichtige Frage und vielleicht für alle interessant. Was kann ich ganz konkret im Seminar tun? Vielleicht nehmen wir einfach noch einmal Ihre Seminarsituation. Sie haben vergessen, dass er schon Projektleiter ist. So etwas kann ja passieren! Sie spüren, dass diese Anerkennung für ihn aber wichtig ist, aus welchen Gründen auch immer. Es ist unbedingt notwendig, hier nicht zu werten und es nicht als Lappalie abzutun! Das bedeutet anerkennen und würdigen ganz praktisch. Seine Empfindlichkeiten gehören ihm und gehen Sie in dem Zusammenhang nichts an. Wenn Sie innerlich aber doch werten, es zum Beispiel als albern abtun, können Sie so viel würdigen, wie sie wollen. Was dann ankommt,

2.4 „Eine schlimme Bauchlandung!"

ist nicht die Anerkennung, sondern Ihre Ablehnung. Also der erste Schritt wäre, sich zu korrigieren, statt den Kopf in den Sand zu stecken. Vielleicht so: ‚Ach, das tut mir Leid, ich habe ganz vergessen, dass Sie bereits Projektleiter sind. Das ist gut zu wissen, so können Sie uns vielleicht mit Ihren Erfahrungen helfen.' Damit fühlt er sich von Ihnen gewürdigt, und das erleichtert es ihm wiederum, Sie ebenso in Ihrer Rolle anzuerkennen. Das betrifft die Ebene von Arbeitsbeziehungen.

Um nicht Spielball von Verwechslungen zu werden oder selber zu verwechseln, ist es sehr sinnvoll, seine eigenen blinden Flecken kennen zu lernen, vor allem wenn man beratend tätig ist. Dazu ist eine Familienaufstellung sehr hilfreich."

Einblick ins Familiensystem hilft, Verwechslungen zu vermeiden

In einem Einzelcoaching (acht Wochen später) möchte Frau Berg ein für Sie wichtiges Thema bearbeiten. Sie können es in Kapitel 4.4 ab Seite 145 nachlesen.

Wichtige Aussagen

1) Zur systemischen Verwechslung gehören immer zwei.
2) Wer seine „blinden Flecken" kennen lernt, beugt Verwechslungen vor.
3) Jemanden zu würdigen und anzuerkennen, setzt voraus, innerlich nicht zu werten.
4) Beim Mobbing sind häufig Täter und Opfer aktiv beteiligt.

*Die Dinge sind nicht mit den Methoden zu verändern,
durch die sie entstanden sind.*

Albert Einstein

3. Systemisches Coaching – Navigationshilfe zur Umsetzung gefundener Lösungen

Systemisches Coaching ist ein Beratungsansatz, der Ihnen auch unabhängig von der Arbeit mit Aufstellungen auf vielfältige Weise hilft, Perspektiven zu erweitern und Lösungen zu finden. Weil er sich aber gut mit der Aufstellungsarbeit kombinieren lässt, betonen wir dieses Anwendungsfeld.

Sie haben mitverfolgen können, wie eine systemische Aufstellung in der Praxis abläuft und welche Ergebnisse sie erbringen kann. Sie ermöglicht es Ihnen, verwickelte oder verborgene Zusammenhänge in kurzer Zeit klar zu beleuchten und konkrete Lösungsansätze zu entwickeln.

Wenn sie solch ein effektives Instrument ist, warum ist dann noch systemisches Coaching nötig? Nach einer gelungenen Aufstellung wissen Sie, wo es hakt und wie es besser gehen kann. Sie haben ein klares Bild Ihrer Lösung, so als würden

3. Systemisches Coaching

Sie ein bis dahin unbekanntes Territorium vom Flugzeug aus deutlich erkennen. Jetzt müssen Sie aber noch landen. Dabei können verschiedene Schwierigkeiten auftauchen.

Wer, wie Herr Gutbrodt im Beispiel aus Kapitel 2.1, erkannt hat, welche riskanten Nebenwirkungen er bei seiner finnischen Akquisition ungewollt ausgelöst hat, ist natürlich schon ein gutes Stück weiter. Er weiß, was schief gelaufen ist! Nun liegt es an ihm, die nötigen Schritte zu tun. Er entscheidet sich für die Begleitung durch systemisches Coaching, um seine Zielausrichtung im Alltag zu überprüfen und nicht unabsichtlich zum Problem zurückzukehren. Wie er Coaching als Navigationshilfe benutzt, wenn er sich auf dem Weg zur erfolgreichen Integration des zugekauften Unternehmens verfahren hat, lesen Sie in Kapitel 4.1 ab Seite 96.

Ein Lösungsbild ist noch keine umgesetzte Lösung

Wenn es um die Umsetzung geht, werden die Tücken eher größer, weil die Lösung oft von den gleichen Personen umgesetzt wird, die auch das Problem mit ausgelöst haben. Zwar wissen die Beteiligten nach der Aufstellung, was eine bestimmte Schieflage auslöst und löst. Vielleicht sind sie auch zu einer Einstellungsänderung bereit und engagieren sich sogar aktiv für das Neue. Aber wer in ihnen ist engagiert?

Die Tücke der Umsetzung

Die Frage zielt auf das innere System der Persönlichkeit, das wir „Mikrosystem" nennen (vgl. dazu Horn/Brick: *Das verborgene Netzwerk der Macht*). Es setzt sich aus „Teilen" oder „inneren Personen" zusammen, die sich ähnlich wie Mitglieder zwischenmenschlicher Systeme verhalten.

> Das „innere Team" (vgl. Schultz von Thun 1998) ist für die Umsetzung einer Lösung von entscheidender Bedeutung. Die Frage ist nämlich, wer im „inneren Team" ihr zustimmt, wer sie ablehnt und wer dieses Team überhaupt führt.

Arbeit mit dem inneren Team – Beispiele

Wir möchten Ihnen den Nutzen der Arbeit mit dem „inneren Team" am Beispiel von Herrn Frank erläutern, von dessen Teamkonflikt Sie in Kapitel 2.2 lesen konnten. Er hat durch die Aufstellung erkannt, wie viel davon abhängt, dass er seinen kooperativen, konsensbetonten Führungsstil in Zukunft um Zielorientiertheit, Entschlossenheit und Entscheidungskraft erweitert.

Können Zweifel „weggepowert" werden?

Um die neuen Qualitäten zu entwickeln, besucht Herr Frank ein „Powertraining". Vor allem möchte er dort lernen, in Teammeetings selbstbewusster aufzutreten, klare Ziele zu setzen und in Konfliktsituationen entschlossen zu handeln. Im Training wird er ermutigt, sich von seinen Zweifeln und seinem Zögern zu befreien und seinen inneren „Zauderer" in die Wüste zu schicken.

Die gemeinsame Anstrengung zur Selbstbefreiung wird im Seminar mit spektakulären Aktionen und öffentlichen Schwüren unterstrichen, die beweisen sollen, dass es von nun an kraftvoll aufwärts geht. In der beschwingten Atmosphäre kollektiver Euphorie ist Herr Frank vom nachhaltigen Erfolg seiner weit reichenden Entschlüsse vollkommen überzeugt. Ab morgen, denkt er, wird alles anders!

Seminareuphorie ist wie ein Sektrausch

Mit Hochstimmung beginnt er, die gelernten Powertechniken einzusetzen. Nach einigen Tagen melden sich jedoch ganz leise die ersten Bedenken. In den folgenden Wochen verstärken sie sich durch einige Stimmungsdämpfer und Misserfolge, die Herr Frank einstecken muss. Allmählich bekommt er das Gefühl, als würde seiner neuen Power langsam, aber sicher der Stecker wieder herausgezogen – bis die ganze Vision wie ein Sektrausch verflogen und alles wieder beim Alten ist.

Im systemischen Coaching möchte er herausfinden, woran das gelegen hat, und sein neues Selbstbewusstsein zurückgewinnen. Im Dialog mit seinen Teilpersönlichkeiten stellt sich heraus, dass er die Rechnung ohne den Wirt gemacht hatte. Die konsensbetonten, harmoniebedürftigen Mitglieder seines inneren Teams, deren Entmachtung er im „Powertraining" auf glühenden Kohlen und mit heißem Herzen beschlossen hatte, schauten sich das neue Spiel geduldig an. Als Herr Frank aber begann, durch forsches Auftreten in Teammeetings seine neue Kraft zu bekunden, sahen sie angesichts irritierter Mitarbeiter ihre Werte bedroht. Da diesen inneren Personen die Sympathie und Unterstützung von außen wichtig ist, entschieden sie kurzerhand, das Experiment zu beenden, indem sie ihn von der neuen Kraft abschnitten. Plötzlich stand er unsicher da und hatte den Faden verloren.

Das Gleichgewicht im inneren Team hing schief

Was ist geschehen? Systemisch betrachtet, wurden die Schwergewichte in seinem inneren Team missachtet – in ähnlicher Weise wie der IT-Unternehmer Paul Schnell im Makrosystem Wirtschaft auf die Old Economy herabschaute.

Die versteckte Macht konsensbetonter innerer Personen liegt tiefer als das neu gewonnene Power-Selbst. Denn die inneren Personen sind es, die bisher im inneren System für Sicherheit und Überleben gesorgt haben.

Im Dialog mit den harmoniebedürftigen, sicherheitsorientierten Teilen stellt sich heraus, dass ohne ihre Zustimmung gar nichts geht. Sie haben die Fähigkeit, alles, was aus ihrer Sicht Herrn Frank gefährdet, heimlich zu torpedieren.

Werden aber ihre Bedenken ernst genommen, kann ein Weg gefunden werden, Macht und Selbstbewusstsein mit Harmonie und Teamfähigkeit zu kombinieren. In der Balance zwischen Durchsetzungskraft und Konsensorientierung eröffnen sich Herrn Frank erweiterte Wahlmöglichkeiten.

Voice Dialogue und Aufstellung innerer Personen

Um solch eine fundierte Lösung geht es im *Voice Dialogue*, einer Gesprächstechnik im systemischen Coaching. Im Beispiel von Herrn Schnell in Kapitel 4.3 ab Seite 127 können Sie einen Eindruck von dieser Methode gewinnen.

Eine andere Möglichkeit, persönliche Dynamiken ans Licht zu bringen, ist die Aufstellung innerer Teile im Einzelsetting. Auch im inneren Team (Mikrosystem) heißt der erste Schritt zur Lösung oft „Würdigung". Die missachteten inneren Personen tauen auf und werden zugänglicher, wenn sie gewürdigt sind.

Ist ihre Unterstützung auf diese Weise gewonnen, schwindet meist der Bedarf nach revolutionären Hauruck-Lösungen und eine kontinuierliche, konstruktive Entwicklung kann beginnen. Diese ist in kurzer Zeit pragmatisch nutzbar und wirkt sich auch auf die Geschäftspartner, Mitarbeiter oder Kunden, ebenso wie im privaten Umfeld, positiv aus.

Weitere Einsatzmöglichkeiten systemischen Coachings

Ein wichtige Hilfe bietet systemisches Coaching auch, wenn Ihnen klar wird, dass Sie ungewollt zu einem Problem zurückgekehrt sind, das Sie in der Aufstellung bereits als gelöst erlebt haben. Wie kommt es dazu?

Information geht schnell – Änderung braucht Zeit

Die Wirkung von Aufstellungen scheint sich auf eine energetische Informationsübermittlung zu gründen, die sich blitzschnell transportiert. Ähnlich wie im Internet kann eine neue Information, die in Europa eingespeist wird, zeitgleich in Australien und Amerika empfangen werden. Aber was auch immer die Empfänger mit dieser Information anfangen, ist von ihren lokalen Verhältnissen abhängig und kostet erheblich mehr Zeit als ihre Kommunikation. In Systemaufstellungen scheinen Dynamiken und Lösungen plötzlich auf. Quasi im Mausklicktempo ist alles klar. Allerdings muss diese neue Klarheit in Fleisch und Blut übergehen und sich im Alltag praktisch beweisen.

Unser Bewusstsein braucht dazu Zeit und die Gefühle noch etwas länger. Bis eine Lösung dann real in einem Arbeitssystem funktioniert, sind Umdenkprozesse, Einstellungs- und Verhaltensänderungen bei vielen nötig. Zweifel, Widerstände und Bedenken gehören dazu – im inneren Team genauso wie im Unternehmen. Sie werden auch nach einer Lösung auftauchen, um Sie daran zu erinnern, wer für ihre Umsetzung verantwortlich ist: Sie selbst! Zweifel sind deshalb keine Feinde, die es zu besiegen gälte, sondern nützliche und hilfreiche Freunde, die uns nicht nach dem Munde reden, sondern widersprechen und herausfordern. Damit helfen sie uns zu prüfen, was schon trägt und was noch fehlt.

Zweifel und Bedenken können gute Freunde sein

Systemisches Coaching bietet sich für viele Fragestellungen als Klärungshilfe an. Hier wird es zur professionellen Begleitung bei der Umsetzung von Lösungen im Alltag benutzt.

Nach einer Aufstellung kann Coaching bei der Umsetzung im Alltag helfen.

Denn wenn Sie nicht erkennen, wo Sie gegensteuern müssen, lösen Sie neue Probleme aus, und eine negative Feedbackschleife entsteht. Sie brauchen also nicht abzuwarten, bis ein neues Problem auftaucht, wenn Sie merken, dass Ihre Lösung noch nicht greift.

3. Systemisches Coaching

Ihr Problem gehört Ihnen – nur Sie können es lösen!

Sie können systemisches Coaching wie einen Spiegel benutzen, in dem Sie erkennen, wo Ihr Kragen noch schief sitzt. Korrigieren müssen Sie dann allein – täte Ihr Coach das für Sie, wäre er kein Coach, sondern ein „Kümmerer".

Das wäre nicht gut, weil es Ihr Problem ist und nicht seines. Für Probleme gelten ebenso strenge Eigentumsregeln wie bei Immobilien. Eine Problemlösung von außen schwächt Sie, weil Sie keine eigenen Muskeln entwickeln, wenn ein anderer Ihnen die Brocken wegräumt. Zudem zöge seine aktive Einmischung den Coach zu weit in Ihr System hinein – womit er Teil des Problems statt der Lösung wäre. Systemisches Coaching ist für Sie nützlich in folgenden Situationen:

Wann systemisches Coaching sinnvoll ist

- *Monitoring:* Sie wollen die Umsetzung einer Lösung mit der Außenperspektive eines Coach begleiten.
- *Diagnose-Aufstellung:* Im Seminar hat die Aufstellung nur die Ist-Situation beleuchtet. Die weitere Arbeit findet im Coaching statt.
- *Implementierung:* Sie wollen eine gefundene Lösung im Unternehmen umsetzen.
- *Selbstmanagement:* Sie wollen mit Ihrem Coach an Ihrem Führungsverhalten oder Ihrer persönlichen Entwicklung arbeiten.
- Ein *heikles Thema* braucht einen geschützteren Rahmen, als ihn ein offenes oder Inhouse-Seminar bieten kann.
- *Zweifel:* Ihnen kommen Bedenken, ob Sie die in der Aufstellung gefundene Lösung umsetzen können.
- *Wirkung:* Die in der Aufstellung gefundene Lösung greift nicht.
- *Verschiedene Systemebenen:* Sie möchten persönliche Themen bearbeiten, die mit einer beruflichen Fragestellung zusammenhängen. Ein Ebenenwechsel, z. B. in das Familiensystem, ist für die Lösung notwendig.
- *Jetzt:* Sie wollen nicht auf das nächste Seminar warten, sondern sofort beginnen.

4. Aus der Coachingpraxis

In diesem Kapitel begegnen Sie den vier Menschen wieder, die Sie schon in Kapitel 2.1 bis 2.4 kennen gelernt haben. Auch im Einzel- oder Kleingruppencoaching geht es mit der Aufstellungsmethode weiter. Allerdings wird sie in Ermangelung menschlicher Stellvertreter mit einer besonderen Methode durchgeführt: der Aufstellung mithilfe von „Bodenankern". Diese Methode erlaubt es, effektiv und lösungsorientiert zu arbeiten und zugleich ein so hohes Maß an Schutz und Diskretion zu gewährleisten, wie es eben nur unter vier Augen möglich ist.

Darüber hinaus erweitern wir im systemischen Coaching die Arbeitsebenen um eine besonders wichtige: das innere System der Persönlichkeit, von dessen Gleichgewicht die Umsetzung von Lösungen und der Transfer in die Praxis entscheidend abhängen.

Einbeziehung des Persönlichkeitssystems

Um diese sensible innere Balance zu ermöglichen, ist wie bei einem Musikinstrument Feinstimmung nötig. Systemische Dialogtechniken wie *Voice Dialogue* und andere methodische Schritte helfen unseren Klienten, sich selbst auf die Schliche zu kommen. So können sie Fallstricke und Stolpersteine rechtzeitig erkennen und Schwierigkeiten bei der Umsetzung und Implementierung von Lösungen bewältigen.

4. Aus der Coachingpraxis

4.1 „Das muss doch jetzt vorangehen!" Aufstellung als Monitoring im Kleingruppencoaching

Alfons Gutbrodt kennen Sie bereits aus Kapitel 2.1 (ab Seite 22). Er wurde nach der Übernahme eines finnischen Mitbewerbers von einem massiven Umsatzeinbruch überrascht und stellte die Situation in seinem Unternehmen systemisch auf. Nach der Aufstellung hatten wir ihm empfohlen, mit Vertretern der verschiedenen Unternehmen und seinen Strategieberatern ein Lotsenteam zu bilden. Weil er an einer weiteren systemischen Begleitung interessiert war, boten wir ihm ein Monitoring seiner Unternehmensentwicklung an.

Drei Monate nach der Aufstellung folgt das Coaching

Drei Monate nach der Aufstellung in seiner Firma kam er darauf zurück und vereinbarte einen Termin mit uns, der dieses Mal aus organisatorischen Gründen im Konferenzraum eines Hotels stattfand. An diesem Coaching nehmen außer Herrn Gutbrodt und uns noch drei Mitglieder seines Lotsenteams teil. Nach einer freundlichen Begrüßung kommen wir zum Thema.

Die Situation nach der Aufstellung

Coach: „Jetzt sind wir natürlich gespannt zu hören, wie es bei Ihnen weitergegangen ist!"

Das akquirierte Unternehmen firmiert wieder unter seinem ursprünglichen Namen

Herr Gutbrodt: „Ja, zunächst zu den Fakten:
1) Wir haben das Lotsenteam eingerichtet. Das läuft gut! Informationen kommen herüber, wir sind auch über die Einbindung des Vertriebs näher an den Kunden. Übrigens großes Kompliment noch mal nachträglich: Dr. Klüver *(der Strategieberater von Herrn Gutbrodt)* singt zwar keine Loblieder auf Sie, spricht aber anerkennend von Ihrer Aufstellungsarbeit. Und das will etwas heißen! Er hat sich in den acht Jahren, die ich ihn kenne, noch nie positiv über andere Berater geäußert.
2) Wir haben auf unserem Strategiemeeting beschlossen,

die Firmierung des finnischen Unternehmens zu ändern. Der Name *Kikonen* steht jetzt wieder überall drauf, und zwar in Verbindung mit unserem Logo. Und darunter steht etwas kleiner *Gutbrodt Gruppe*. Unsere Agentur hat das grafisch ganz schön gelöst *(zeigt uns Druckunterlagen)*. Die Finnen waren glücklich darüber, und ich muss sagen, die Stimmung ist dort um einiges besser geworden. Oder, was sagen Sie dazu, Herr Maati?"

Herr Maati (ein Manager der Fa. *Kikonen*): „Das kann ich nur bestätigen. Die Leute haben im ganzen Unternehmen gefeiert und auf unseren Namen angestoßen. Ganz klar, mit dem Firmennamen verbinden sie viel. Schließlich haben wir viele langjährige Mitarbeiter. Manche sind sogar schon bei *Kikonen* in die Lehre gegangen. Es spielt auch eine Rolle, dass es eben ein finnischer Name ist. Die Leute bei uns sind ja sehr heimatverbunden, und nun fühlen sie sich wieder mehr zu Hause in der Firma."

Die Stimmung im Unternehmen ist spürbar besser

Herr Graf (Assistent des deutschen Chefs von *Kikonen*, Schmidt): „Auf unsere Arbeitsergebnisse und Zahlen ist das allerdings noch nicht durchgeschlagen. Ich sehe auch, dass die Leute wieder besser gelaunt sind, vielleicht auch motivierter, aber die Abläufe sind immer noch schleppend, Informationen bleiben häufig auf der Strecke und unser Auftragseingang hat sich noch nicht spürbar verbessert."

Herr Maati: „Aber, Herr Graf, was ist mit dem großen Auftrag aus Polen, den wir letzten Monat hereingeholt haben? Das ist doch schon was!"

Herr Graf: „Ein erfreulicher Einzelfall, aber noch keine Trendwende!"

Coach: „Das klingt ganz nach Druck."

Den deutschen Käufern geht es zu langsam

Herr Gutbrodt: „Ja, sehen Sie, wir können uns langes Zuwarten nicht leisten. Das muss jetzt vorangehen in Finnland, da muss Zug hineinkommen. Wir wollen schließlich wachsen, expandieren und nicht nur irgendwie über die Runden kommen.

4. Aus der Coachingpraxis

Sicher, wir haben Fehler gemacht. Das hat die Aufstellung deutlich ans Licht gebracht. Für uns ist es von unschätzbarer Bedeutung, das noch rechtzeitig erkannt zu haben. Wer weiß, wo wir sonst heute stünden?
Ich gebe Herrn Maati Recht: Die Kunden kommen wieder auf uns zu. Da tut sich langsam etwas.
Aber warum geht es dort so schleppend? Warum kommen die Finnen nicht ‚in die Füße'? An der Stimmung liegt es nicht, das habe ich selbst auch gesehen."

Coach: „Wollen wir heute an diesem Thema arbeiten?"

Herr Gutbrodt: „Ja, die schleppende Arbeitsweise in Finnland ist ein Punkt. Die weitere Kundengewinnung ein anderer.
Sie sprachen ja von Monitoring. Wie ich das verstanden habe, schreiten wir damit zur Tat und benutzen Ihre Methode für die Umsetzung in die Praxis."

Organisationsaufstellung ist kein Abschleppwagen

Coach: „Sie möchten jetzt gern möglichst schnell konkrete Ergebnisse sehen, Herr Gutbrodt. *(Er nickt.)* Aber ganz so einfach ist es nicht. Organisationsaufstellung ist kein Abschleppwagen, den Sie einspannen können, um den Karren aus dem Dreck zu ziehen. Sie ist pragmatisch und lösungsorientiert, aber sie gibt Ihnen keine Handlungsanweisung. Sie ist ein Dienstleistungswerkzeug im wahren Wortsinn. Wir dienen Ihrem Unternehmenssystem, in dem wir sichtbar machen, wo es klemmt. Wenn Sie die Schieflage in Finnland erkennen und in der Aufstellung eine mögliche Lösung erleben, hilft Ihnen das, in Einklang mit dem gesamten Netzwerk zu kommen, in das Ihr Unternehmen eingebunden ist. Diese Veränderung bei Ihnen wirkt sich wiederum auf alle anderen aus. Um systemische Wirkungen zu verstehen, kann man sich vorstellen, man berührte ein Spinnennetz an einer Stelle – das ganze Spinnennetz kommt in Bewegung. Da es sich um Ihr Netz handelt, gehört auch das Problem Ihnen und ebenso die Lösung. Monitoring heißt, dass wir die Entwicklung seit der letzten Aufstellung und nach den von Ihnen getroffenen Entscheidungen in regelmäßigen Abständen abbilden. Dazu eignet sich die Aufstellungsmethode besonders gut."

Herr Gutbrodt: „Teufel aber auch, Sie sind ja ganz schön hartnäckig! Das habe ich mir schon fast gedacht, dass Sie sich heraushalten und uns wieder drankriegen! *(lacht)* Na gut, ist ja auch etwas dran. Wir müssen die Suppe selbst auslöffeln, die wir uns eingebrockt haben. Also, dann würde ich gern eine Aufstellung machen, die unsere jetzige Situation in Finnland zeigt. Geht das überhaupt mit uns vieren?"

Coach: „Wir benutzen im Coaching eine andere Technik, bei der wir auch mit wenigen Personen auskommen. Man kann sie sogar zu zweit anwenden. Was gleich bleibt, ist die Formulierung eines konkreten, lösungsorientierten Anliegens, damit die Aufstellung eine klare Richtung hat. Also: Was genau möchten Sie heute mit dieser Aufstellung erreichen?"

Das konkrete Anliegen gibt eine klare Richtung

Herr Gutbrodt: „Ich möchte herausbekommen, warum die Verbesserung bei *Kikonen* so langsam vorankommt, möchte mehr Tempo hineinbringen und auch wissen, wie die Kunden uns jetzt sehen."

Coach: „Das sind drei Anliegen auf einmal! Na schön, schauen wir mal. Lassen Sie uns mit der aktuellen Situation bei *Kikonen* nach der Reinstallation des Namens und der Einbindung ins Lotsenteam beginnen. Und wenn es passt, nehmen wir die Kunden noch mit dazu. Einverstanden?"

Das Coaching

Herr Gutbrodt: „Einverstanden. Wie machen wir das mit so wenigen Personen?"

Im Coaching wird mit Hilfsmitteln aufgestellt

Coach: „Da wir nicht genügend Stellvertreter zur Verfügung haben, arbeiten wir mit Hilfsmitteln. Wir benutzen verschiedenfarbige quadratische Pappen, mit denen Sie Positionen in der Aufstellung markieren. Schauen Sie,

4. Aus der Coachingpraxis

sie sind so groß, dass man sich bequem darauf stellen kann. Diese Einkerbungen hier vorn geben die Blickrichtung an. Entweder stellt sich der Aufstellende – also Sie, Herr Gutbrodt – selbst auf die Pappen, oder der Coach übernimmt diese Rolle. Auch Ihre Mitarbeiter können die eine oder andere Konstellation noch einmal austesten. Ansonsten ist der Ablauf ähnlich einer Aufstellung mit Stellvertretern.

Alles klar? *(Die Teilnehmer nicken.)* Gut, dann bitte ich Sie, Herr Gutbrodt, fünf Pappen auszuwählen: eine für sich selbst als Fokus, eine für Fa. *Kikonen*, eine für die finnischen Führungskräfte bei *Kikonen*, eine für Herrn Schmidt, den deutschen Chef von *Kikonen*, und eine für die Kunden.

(Nachdem Herr Gutbrodt fünf verschiedenfarbige Pappen ausgewählt hat:)

Gut, beginnen wir!

Der Aufstellende muss seine Wahrnehmung schärfen

Lassen Sie sich Zeit und richten Sie Ihre Aufmerksamkeit auf Ihre unmittelbare Wahrnehmung. Spüren Sie, wie Sie stehen. Nehmen Sie zugleich Ihren Atem wahr und hören Sie die Geräusche in der Umgebung. *(Nachdem Herr Gutbrodt sichtbar entspannter steht:)* Legen Sie nun die Pappen für sich selbst als Fokus, für Fa. *Kikonen*, die finnischen Führungskräfte und Herrn Schmidt aus. Die Kunden nehmen wir später dazu. Legen Sie die Pappen ohne Konzept, Ihrem inneren Bild entsprechend, in Beziehung zueinander auf den Boden. Beachten Sie die Einkerbung, die die Blickrichtung anzeigt. Beginnen Sie mit Ihrer eigenen Position. Dann legen Sie die anderen Pappen in Beziehung zum Fokus."

Es dauert einige Minuten, bis Herr Gutbrodt seine Konstellation der einzelnen Positionen im Raum beendet. Es entsteht folgendes Bild:

4.1 „Das muss doch jetzt vorangehen!"

1. Bild

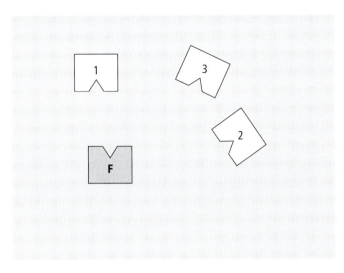

F = Fokus
(Herr Gutbrodt)
1 = Firma Kikonen
2 = Die finnischen Manager
3 = Herr Schmidt
(Der deutsche Chef von Kikonen)

Der Coach bittet Herrn Gutbrodt nun, die verschiedenen Positionen nacheinander einzunehmen, und befragt ihn genau nach seinen Wahrnehmungen auf jedem einzelnen Platz. Bevor er zu einer neuen Position wechselt, nimmt er jedes Mal eine Außenperspektive ein und betrachtet wieder die gesamte Konstellation.

Th-Technik

Anschließend wiederholen noch zwei seiner Mitarbeiter den Prozess und geben, mit geringen Abweichungen, ähnliches Feedback.

Th-Technik

Im Unterschied zur Aufstellung im Unternehmen vor drei Monaten erleben die Anwesenden die Fa. *Kikonen* jetzt als stark und selbstbewusst. Die Beziehung zum Fokus wird als unterstützend und wohlwollend beschrieben. Herr Schmidt wird von Fa. *Kikonen* und Fokus als verbindend wahrgenommen. Auf dem Platz der finnischen Manager aber fühlen sich alle müde und schwach und stehen in Konkurrenz zu Herrn Schmidt. Auch Herr Maati, der als unmittelbar Betroffener diese Position nicht einnimmt, steuert seine Außenwahrnehmung bei: „Da fehlt noch was."

Das Ist-Bild zeigt positive Veränderungen und ein Problem

4. Aus der Coachingpraxis

Die finnischen Führungskräfte sind geschwächt

Coach: „Ja, die finnischen Manager wirken kraftlos. Wie viel Prozent des Kapitals halten die finnischen Gesellschafter noch nach der Übernahme?"

Herr Gutbrodt: „Die Familie *Kikonen* hält 40 %, wir 60 % des Kapitals."

Coach: „Das wäre ein möglicher Ansatzpunkt. Aber vorher habe ich noch eine andere Frage an Sie und Herrn Graf: Können Sie sich eine Doppelspitze in Finnland vorstellen – also einen finnischen Geschäftsführer, der gleichberechtigt mit Herrn Schmidt, dem deutschen Chef, das Unternehmen führt?"

Herr Gutbrodt: „Was soll das bringen?" *(Herr Graf nickt bekräftigend.)*

Coach: „Es wirkt hier so, als könnten die finnischen Manager ihre Führungsrolle nicht voll wahrnehmen. Deshalb suche ich nach einer Möglichkeit, sie zu unterstützen."

Herr Gutbrodt: „Ach so. Nun ja, unter den veränderten Bedingungen und mit dem Aufwärtstrend könnte man das natürlich überlegen. Unserem Herrn Schmidt würde das allerdings wohl kaum gefallen …"

Coach: „Lassen Sie es uns doch einmal ausprobieren!"

Verantwortung und Kapitalanteile stärken die finnischen Führungskräfte

Der Coach stellt nun um und positioniert eine neue Karte für einen finnischen Geschäftsführer unmittelbar neben Fa. *Kikonen* und Herrn Schmidt an ihre linke Seite. Die finnischen Manager werden weiter links positioniert.

Er lässt Herrn Gutbrodt und zwei weitere Teilnehmer die neue Konstellation testen. Das Feedback zeigt eine leichte Verbesserung bei den Finnen und eine gewisse Unruhe bei Herrn Schmidt. Verstärkend werden nun die finnischen Gesellschafter mit einer weiteren Karte ins Spiel gebracht. Der Coach legt sie mit der Aufschrift „40 % Kapitalanteil" hinter den Platz des neuen finnischen Geschäftsführers. Die Wirkung ist verblüffend: Seine Position und diejenige der finnischen Manager wird nun von allen als stark erlebt. Auf Herrn

4.1 *„Das muss doch jetzt vorangehen!"*

Schmidts Platz berichten die Teilnehmer zunächst Irritation, dann ein starkes Bedürfnis nach Orientierung zum Fokus. Der Coach lässt den Fokus an Herrn Schmidts Adresse sagen: „Sie sind unser Mann in Finnland, aber zu Hause sind Sie bei uns." Daraufhin wird auch die neue Position von Herrn Schmidt als entspannter erlebt. Besonders Herr Graf bestätigt das in der Rolle mit dem Stichwort „Erleichterung".

Die Lösung „Doppelspitze" kommt an

Zur Vervollständigung ergänzt der Coach das Bild noch um die Positionen der Kunden und der Produkte.

Das Feedback von Herrn Gutbrodt: „Jetzt ist da richtig Power drin."

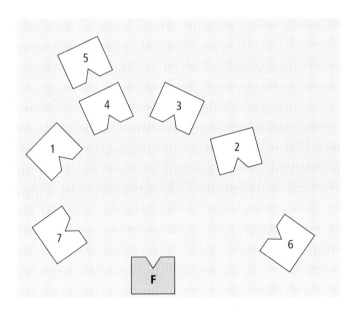

2. Bild

F = Fokus (Herr Gutbrodt)
1 = Firma Kikonen
2 = Die finnischen Manager
3 = Herr Schmidt (Der deutsche Chef von Kikonen)
4 = Der finnische Chef (GF)
5 = Die finnischen Gesellschafter (40 % Kapitalanteil)
6 = Die Kunden
7 = Die Produkte

Coach: „Herr Gutbrodt, was sagen Sie zu diesem Bild in Bezug auf Ihr Anliegen?"
Herr Gutbrodt: „Es war beeindruckend, das alles selbst zu erleben – besonders auf der Kundenposition. Ich hätte es nicht für möglich gehalten, dass ich in der Kundenrolle

4. Aus der Coachingpraxis

ein so starkes Interesse empfinde. Ich war diesbezüglich sehr skeptisch und hatte Bedenken: einerseits, ob dass überhaupt so funktioniert, und andererseits ist ja mein täglicher Eindruck eher der einer schwachen Kundenresonanz. Hier habe ich das genaue Gegenteil erlebt, und das stimmt mich zuversichtlich! Wenn die Kunden tatsächlich so interessiert an uns und unseren Produkten sind, wie es sich hier gezeigt hat, dann haben wir *Kikonen* bald in trockenen Tüchern."

Herr Maati: „Ich kann das voll bestätigen. Als ich auf dem Kundenplatz stand und die Firma und ihre Produkte sah, dachte ich: ‚Interessant!'"

Die übrigen Teilnehmer nicken.

Aufstellung als Monitoring bildet Veränderungsprozesse ab

Herr Gutbrodt: „Die Lösung mit der Doppelspitze gefällt mir, und ich bin ermutigt von dem Impuls, der von den finnischen Gesellschaftern ausgehen kann. Ich werde mich mit denen kurzschließen. Wenn sie einen finnischen Chef mit auswählen dürfen, bin ich sicher, dass sie voll hinter ihm stehen.
Auch mit Herrn Schmidt werde ich bald sprechen. Ich denke, er wird tatsächlich erleichtert sein, wenn er die Gesamtverantwortung für *Kikonen* abgeben kann. Er müsste dann auch nicht mehr ständig vor Ort sein, und das würde seine Familie sehr begrüßen. Die ist natürlich nicht gleich nach Finnland umgezogen. Er hat ja schulpflichtige Kinder.
Ich sehe jetzt auch, wie man die Aufstellungsmethode zum Überprüfen und Entscheiden einsetzen kann. Wie haben Sie das noch genannt?"

Coach: „Monitoring. Damit ist ein wiederholtes Abbilden der veränderten Situation gemeint. Wie Sie gesehen haben, reagieren Unternehmenssysteme sehr schnell und sensibel, so dass es sinnvoll ist, auf einem möglichst aktuellen Stand zu bleiben.

Dazu dient diese Aufstellungsvariante. Sie haben erlebt, wie sie im Coaching ohne Stellvertreter unaufwendig eingesetzt werden kann.

Soweit für heute zu diesem Thema. Aber es gab ja in Ihrem Anliegen auch einen weiteren Punkt, den wir noch nicht angesprochen haben …"

Herr Gutbrodt: „Ja, darauf möchte ich gern noch zurückkommen. Aber ich glaube, die Herren aus dem Lotsenteam haben noch einen Termin …"

Ein persönliches Gespräch

Die Mitarbeiter von Herrn Gutbrodt verabschieden sich, und im persönlichen Gespräch mit dem Coach spricht er seine Sorge an, die Entwicklung in Finnland ginge nicht schnell genug.

Herr Gutbrodt: „Gut, dass Sie das Thema noch angesprochen haben. Ich mache mir wirklich Sorgen, ob uns nicht die Zeit davonläuft. Das muss doch jetzt vorangehen bei *Kikonen!* Ein wenig bin ich schon beruhigt durch die neue Möglichkeit einer Doppelspitze. Aber wenn ich dann die aktuellen Zahlen sehe, packt mich trotzdem die Ungeduld. Wenn das doch nur etwas schneller ginge!"   **Der Chef steht unter Strom und macht Druck**

Coach: „Das klingt so, als garantiere ein hohes Tempo für Sie den Erfolg."

Herr Gutbrodt: „Es muss rauschen im Karton! Der Laden muss brummen! Da muss was gehen, und wenn der Wind bläst, ist es mir gerade recht. Dann werfen wir halt etwas Ballast ab und sind schneller am Ziel! Oder haben Sie einen anderen Vorschlag?"

Coach: „Was wäre, wenn Sie mit dem ‚Ballast' und etwas Geduld auf entspannte Weise das Gleiche oder mehr erreichten?"

Herr Gutbrodt: „Das geht nicht! Unmöglich! Entspannt?! Nein, ohne Fleiß kein Preis. Man muss sich schon abrackern für seine Ziele. Die Konkurrenz schläft nicht.   **Es geht ihm nie schnell genug**

4. Aus der Coachingpraxis

Und fürs Abwarten und Dahindümpeln haben wir nun wirklich keine Zeit."

Coach: „Kennen Sie die Geschichte von dem Fischer, der immer mit zerrissenem Netz auf Fischfang geht? Als er sich bei Kollegen über die magere Ausbeute beklagt, raten sie ihm, sein Netz zu flicken. ‚Ha', antwortet der Fischer, ‚ihr habt gut reden! Netz flicken? Dazu habe ich keine Zeit! Ich muss Fische fangen!'"

[Randnotiz: Geschichte]

Herr Gutbrodt: „Wollen Sie damit etwa sagen, dass ich meine Energie verschwende?! Hören Sie, mein Zeitmanagement habe ich im Griff! Da macht mir keiner etwas vor. Ich bin selbst meine beste Sekretärin und mein bester Controller. Ich bin morgens um sieben der Erste im Büro, und abends schalte ich die Lichter aus. So habe ich das immer gehalten, von Anfang an."

[Randnotiz: Hohe Aktivität ist nicht immer effektiv]

Coach: „Und Sie haben viel damit erreicht! So viel, dass Sie es sich jetzt durchaus leisten könnten, einen Augenblick innezuhalten und Ihren Arbeitsstil neu zu überprüfen. Was wäre, wenn Sie genauso viel erreichten, aber z. B. erst später im Büro erschienen und abends noch Zeit für Ihre Familie hätten?

Stellen Sie sich vor, Sie schärfen Ihre Säge. Möglicherweise ginge das Sägen dann bei langsamerem Tempo in kürzerer Zeit insgesamt noch schneller, als wenn Sie mit einer stumpfen Säge sofort loslegten!"

[Randnotiz: Bild]

Herr Gutbrodt: „Hm. Das wäre natürlich schön. Aber daran glaube ich nicht. Da können Sie mir viel erzählen."

[Randnotiz: Fehlender Glaube an Alternativen]

Coach: „Es ist wie mit der Aufstellungsmethode – ich bitte Sie nicht, mir zu glauben, sondern skeptisch zu prüfen, was ich Ihnen vorschlage. Sie haben das Problem – also besitzen Sie auch die Lösung!"

[Randnotiz: Therapeutenspruch]

Herr Gutbrodt: „Vielleicht haben Sie Recht. Also, was schlagen Sie vor?"

4.1 „Das muss doch jetzt vorangehen!"

Aufstellung des inneren Systems

Coach: „Eine Art Mini-Aufstellung aus Ihrem inneren System. Genau wie wir in zwischenmenschliche Systeme eingebunden sind – in unsere Familie, ins Unternehmen und manche andere –, stehen auch verschiedene Teile unseres Persönlichkeitssystems in Beziehung zueinander. Und ebenso wie in der Außenwelt können diese Beziehungen manchmal harmonisch, mitunter aber auch konfliktgeladen sein."

Herr Gutbrodt: „‚Zwei Seelen, ach, in meiner Brust' – meinen Sie das?"

Coach: „Ja, so ähnlich. Ich möchte Ihnen zu Ihrem Thema Zeit eine Übung mit zwei ganz bestimmten ‚Seelen' – genauer gesagt: Persönlichkeitsteilen – vorschlagen. Auf der einen Seite steht jemand, der immer aktiv und zielstrebig ist. Sein Gegenpart ist ein entspannterer Zeitgenosse, der auch gut ohne Ziel und Aufgabe auskommen kann."

Herr Gutbrodt: „Den ersteren kenne ich natürlich gut, den zweiten ahne ich nur."

Coach: „Wie möchten Sie den Aktiven nennen?"

Herr Gutbrodt: „Na, das ist ein Macher, ganz klar, immer auf Volldampf!"

Coach: „Und der Entspannte?"

Herr Gutbrodt: „Hm, das ist wohl ein Faulenzer ..."

Coach: „Finden Sie doch einen freundlichen Namen, der ihn würdigt. Sie wissen ja, wie wichtig Würdigung in Systemen ist."

Herr Gutbrodt: „Das ist schwer. Was macht denn, der ...? Genießer vielleicht?"

Coach: „Ich habe den Eindruck, der macht eben nichts. Darin verbirgt sich eine Ressource. Er ist einfach da. Ich schlage Ihnen der Einfachheit halber vor, die beiden Seiten ‚Tun' und ‚Sein' zu nennen."

Herr Gutbrodt: „‚Tun' und ‚Sein' – gut, einverstanden."

Konflikte im Persönlichkeitssystem

Würdigung ist auch im inneren System wichtig

4. Aus der Coachingpraxis

Coach: „In dieser Übung geht es darum, die Stärken beider Seiten zu erleben und in Stresssituationen Alternativen zur Verfügung zu haben."

Tun und Sein Der Coach führt Herrn Gutbrodt anschließend durch die „Tun und Sein"-Übung. Damit Sie diese Übung nicht nur lesen, sondern auch selbst von ihr profitieren können, haben wir sie in Kapitel 5 ab Seite 160 in Form einer Anleitung für Sie beschrieben.

Herr Gutbrodt kann durch diese Übung sein Zeitproblem lösen. Er erkennt, dass es für ihn vorteilhaft ist, nicht immer nur zu „tun", sondern des Öfteren einfach zu „sein". So entwickelt er eine gelassenere Sicht der Dinge und steht nicht dauernd unter Druck, weil er Handlungsalternativen zur Verfügung hat.

Wichtige Aussagen

1) Mit Hilfe eines Monitorings kann die Entwicklung nach einer Aufstellung regelmäßig überprüft werden.
2) Bei Fusionen und Übernahmen müssen gegenseitige Würdigung und Anerkennung auch in Führungspositionen Ausdruck finden (z. B. durch eine Doppelspitze).
3) Es ist wichtig, für eigene Verhaltensweisen Alternativen zu entwickeln, um nicht einseitig zu werden.

4.2 „Wo bin ich da hineingerutscht?" Reinszenierung eines Familienthemas im Unternehmen

Marita Roth haben Sie schon in Kapitel 2.2 (ab Seite 41) kennen gelernt. Sie ist Hauptabteilungsleiterin der Personalabteilung eines größeren Verlagshauses in Hamburg. Die Inhouse-Aufstellung, für die sie mit uns das Vorgespräch führte, liegt nun einige Monate zurück. Heute möchte sie im systemischen Coaching ein eigenes Thema bearbeiten.

Wie Sie sich vielleicht erinnern, ist sie gebürtige Rheinländerin. Für die neue Aufgabe war sie vor etwa einem Jahr in den Norden Deutschlands umgezogen. An einen großen Freundeskreis gewöhnt, fühlt sie sich in der neuen Umgebung isoliert. Single- und After-Work-Partys können auch nicht das Vakuum füllen, das Freunde und Bekannte hinterlassen haben.

So steckt sie ihre ganze Energie in die Arbeit. Durch ihre aufgeschlossene und kontaktfreudige Art ist sie bei Kollegen und Mitarbeitern beliebt.

Frau Roth ist im Unternehmen beliebt …

Selbst die Chefin des traditionellen Familienunternehmens holt verstärkt ihre Meinung ein. Anfänglich fühlt sie sich geschmeichelt, geht es doch auch um Bereiche, die mit ihrem eigentlichen Arbeitsgebiet wenig zu tun haben. In den wöchentlichen Meetings der Hauptabteilungsleiter sitzt sie neuerdings sogar neben ihr. Aber in letzter Zeit behagt ihr die Rolle als „Liebling" immer weniger, zumal sich die Kollegen ihr gegenüber verändert verhalten.

Die Situation der Klientin

Sie erlebt immer häufiger, dass Gespräche abrupt abbrechen, wenn sie den Raum betritt. Gerade die Kollegen, mit denen sie ein kollegiales, fast freundschaftliches Verhältnis verbin-

… bis sie einen ungewollten Sonderstatus erhält

det, reagieren plötzlich kühl, fast abweisend. Sie vermutet, dass es mit ihrer exponierten Stellung zu tun hat. Eine Dilemmasituation! Einerseits ist ihr der gute Kontakt zu den Kollegen wichtig, andererseits weiß sie nicht, wie sie aus dieser Rolle des „Lieblings" herauskommen kann, ohne die Chefin vor den Kopf zu stoßen. Sie ist immer weniger motiviert, morgens in den Verlag zu gehen. Auch körperliche Symptome zeigen ihr, dass es so nicht weitergehen kann. Sie bittet um einen Coachingtermin.

Im telefonischen Vorgespräch deutet Frau Roth an, dass für sie bei diesem Thema ein offenes Seminar nicht in Frage komme. Wir schlagen ihr eine Aufstellung mit „Bodenankern" vor. Das sind verschiedenfarbige Pappen, auf die man sich bequem stellen kann. Eine Einkerbung symbolisiert die Blickrichtung.

Zwei Coaches ermöglichen die Außenperspektive

Wir bieten Frau Roth an, in ihrem Fall zu zweit zu arbeiten. Ein Coach leitet die Aufstellung, der andere stellt sich in die verschiedenen Positionen und beschreibt seine Wahrnehmungen. Das hat den Vorteil, dass der Klient wie bei einer Aufstellung mit Stellvertretern das Geschehen aus der Außenperspektive auf sich wirken lassen kann.

Coach: „Es ist schon eine Weile her, dass wir bei Ihnen im Verlag waren!"
Frau Roth: „Ja, seitdem ist für mich einiges passiert!"
Coach: „Genau darum geht es heute. Am Telefon deuteten Sie schon etwas an."

Frau Roth vermutet ein Familienthema

Frau Roth: „Bevor wir beginnen, ist es mir wichtig, noch etwas zu sagen. Ich habe bereits an einigen Familienaufstellungen teilgenommen, auch aus beruflichem Interesse. Eine eigene Aufstellung habe ich aber noch nicht gemacht. Ich sage das deshalb, weil ich bei mehreren Aufstellungen erlebt habe, dass eine tief greifende Lösung erst beim Wechsel zum Familiensystem gefunden wurde, auch wenn es ursprünglich um ein berufliches Thema ging. Bei meinem Problem geht es vielleicht auch in diese Richtung. Das habe ich im Gefühl! Darum wollte ich es auch nicht in einem Seminar bearbeiten, das wäre mir zu persönlich. Aber in diesem individuellen Rahmen möchte ich mich darauf einlassen. Mir ist eine Lösung sehr wichtig!"

Coach: „Gut, dass Sie uns die Erlaubnis für einen Systemebenenwechsel geben. Wenn es für die Lösung wichtig ist, kommen wir darauf zurück. In einem offenen Seminar für Organisationsaufstellungen sind unsere Möglichkeiten in dieser Richtung begrenzt. Selbst wenn der Klient ‚grünes Licht' gibt, kann es trotzdem heikel sein, mit einer Organisationsaufstellung zu beginnen und in einer Familienaufstellung zu landen. Heute machen wir das in einem Seminar zu beruflichen Themen nur in Ausnahmefällen. Jetzt aber zu Ihnen! Frau Roth, worum geht es genau?"

Familienthemen erfordern einen geeigneten Rahmen

Frau Roth: „Ich sagte Ihnen schon am Telefon, dass mir meine Rolle im Verlag nicht mehr klar ist. Richtig betroffen macht es mich, wie sich meine Kollegen, mit denen ich mich vorher gut verstanden habe, plötzlich mir gegenüber verhalten. Ich bin da in etwas hineingerutscht und weiß nicht, wie ich wieder herauskomme. Die einzige Möglichkeit, die mir einfällt, ist zu gehen! Doch das ist für mich, jedenfalls im Moment, kein befriedigender Ausweg.

Wie ich Ihnen schon andeutete, geht es um die Beziehung zu meiner Chefin, oder richtiger gesagt, um ihre Beziehung zu mir. Mir ist ihre Zuwendung nicht mehr ‚geheuer'! Ich möchte mich aus dieser Rolle des ‚Lieblings' zurückziehen. Aber sie lässt mich nicht, und ich schaffe es von mir aus nicht. Ich müsste sie wirklich vor den Kopf stoßen. Doch das kann ich nicht. Schließlich ist sie meine Chefin, noch dazu eine ältere Dame, die ich ansonsten sehr schätze!"

Frau Roth möchte die Lieblingsrolle loswerden

4. Aus der Coachingpraxis

[Randnotiz: Würdigung des Problems / TN bittet uns Konkretes Beispiel]

Coach: „Wirklich ein Dilemma! Wie Sie es schildern, könnte es tatsächlich sein, dass sich hier verschiedene Ebenen miteinander vermischen! Wir werden sehen. Was genau macht denn Ihre Sonderrolle aus? Geben Sie uns ein Beispiel."

Zwischen den Stühlen – Chefin und Kollegen

Frau Roth: „Spontan fällt mir die Sitzordnung in unseren Meetings ein. Dort treffen sich wöchentlich die Hauptabteilungsleiter mit der Chefin. Vor einiger Zeit bat sie mich, bei diesen Treffen neben ihr zu sitzen. Meine Beiträge fände sie besonders wertvoll. Wenn ich nicht neben ihr säße, bekäme sie nicht alles mit. Sie ist schwerhörig, müssen Sie wissen, aber noch in ihrem Alter so eitel, dass sie sich kein Hörgerät anschafft! Na, das ist ein anderes Thema. Mir war das äußerst peinlich vor den Kollegen. Auch, weil sich dadurch alle anderen umsetzen mussten. Sie wissen ja, wie wichtig gewohnte Sitzplätze sind! Nach einigen Wochen habe ich mich wieder auf meinen alten Platz gesetzt. Die Kollegen fanden das gut! Prompt kam von ihr: ‚Rothchen (so nennt sie mich neuerdings), Sie sollen doch neben mir sitzen, bitte!' Was sollte ich tun? Können Sie das nachvollziehen? Ansonsten ruft sie mich ständig zu sich, um meine Meinung zu Themen zu hören, die mich weder betreffen noch etwas angehen. Mir wird das zu viel! Ich fühle mich zwischen den Stühlen und weiß nicht mehr, wie ich mich verhalten soll.

Das ist die eine Sache, die andere ist das Verhalten meiner Kollegen. Neulich habe ich zufällig ein Gespräch mit angehört. Ein Mitarbeiter brauchte eine bestimmte Information und wollte sich deshalb an die Chefin wenden. Der andere sagte sinngemäß: ‚Da brauchst du doch nur zu Marita gehen. Was die Chefin weiß, weiß sie auch!' Mich nimmt das mit! So kann ich nicht weiterarbeiten!"

[Randnotiz: ... für etwas in Anspruch genommen werden / sich zur Verfügung stellen... / wofür man nicht bezahlt wird]

Coach: „Es wirkt, als wenn nicht nur die Chefin Sie für etwas in Anspruch nimmt, wofür Sie nicht bezahlt werden, sonden als ob auch bei Ihnen zumindest eine Bereitschaft besteht, sich auf so etwas einzulassen."

Frau Roth: „Kann sein. Zu Beginn habe ich ihre Zuwendung auch genossen. Das muss ich zugeben. Sie hatte mich persönlich eingestellt. Es war sofort ein guter ‚Draht' zwischen uns da. Selbst später, als sie anfing, mich ins Vertrauen zu ziehen, fühlte ich mich noch geschmeichelt. Ja, stimmt, das hatte ich schon vergessen."

Coach: „Aha, dann haben also am Anfang beide bekommen, was sie brauchten!

(Frau Roth nickt zustimmend.)

Bevor wir aufstellen, geben Sie mir bitte noch Informationen zu Ihrem Unternehmen. Wir benötigen hier nur die Fakten."

Frau Roth: „Wie gesagt, handelt es sich um ein Familienunternehmen. Der Verlag wurde vom Ehemann der Chefin gegründet. Er hat das Unternehmen bis zu seinem Tod allein geführt. Das liegt jetzt ungefähr fünf Jahre zurück. Die Chefin hat auch vorher schon im Verlag mitgearbeitet, in welcher Funktion, weiß ich nicht. Ich kann mich aber erinnern, dass sie einmal zu mir sagte, der Verlag sei ihr ‚Ein und Alles'. Er ersetze ihr sogar die Kinder. Das wunderte mich damals, weil ich wusste, dass sie zwei Kinder hat."

Coach: „Wissen Sie etwas über ihre Kinder?"

Frau Roth: „Nur, dass sie einen Sohn und eine Tochter hat. Das Mädchen ist ein Nachzügler. Soviel ich weiß, ist sie erst Mitte zwanzig. Sie sind aber beide nicht im Unternehmen. Über die Gründe bin ich nicht informiert. Da gibt es nur Gerüchte. Bis auf eine Nichte, die in der Buchhaltung arbeitet, gibt es heute keine anderen Familienangehörigen mehr im Verlag."

Coach: „Wie ist die hierarchische Struktur? Wem berichten Sie?"

Frau Roth: „Die Hauptabteilungsleiter, ich eingeschlossen, haben nur noch die Chefin über sich. Sie selbst hat einen

---

Anfangs fühlte sie sich durch das Vertrauen der Chefin geschmeichelt

Info zum Unternehmen

Informationen zur Struktur des Familienunternehmens

4. Aus der Coachingpraxis

Assistenten. Das ist eine Stabsstelle. Die nächste Ebene sind die Abteilungsleiter. Um die geht es aber nicht, dort gibt es für mich keine Probleme."

Coach: „O. k., ich habe jetzt ein Bild. Von mir aus können wir mit der Aufstellung beginnen. Wir brauchen dann noch Ihr Anliegen. Wofür, Frau Roth, möchten Sie eine Lösung finden?"

Das Anliegen wird überprüft

Frau Roth: „Was muss sich ändern, damit es mir gelingt, aus dieser belastenden Situation herauszukommen?"

[Randnotiz: Lösungszustand]

Coach: „Wenn wir mit dieser Aufstellung eine Lösung für Sie finden, woran ganz konkret würden Sie es merken?"

Frau Roth: „Bestimmt ginge ich wieder gern in den Verlag. Meine körperlichen Beschwerden wären wahrscheinlich auch verschwunden. Ich hätte die Sympathien meiner Kollegen zurück. Die Chefin? *(zögert)* Das ist schwer! Ich will sie ja nicht verletzen!"

Lösungsorientierung ist wichtig!

Coach: *(unterbricht sie)* „Sie gehen zum Problem zurück! Bleiben Sie bei der Lösung! Was würde sich in Bezug auf Ihre Chefin verändern, wenn wir heute erfolgreich arbeiten? Woran könnten Sie merken, dass sich auch dort etwas verändert hat?"

Frau Roth: „Mir liegt eine Antwort auf der Zunge, die mich in diesem Zusammenhang irritiert.
(Sie zögert lange.) Ich würde mich nicht mehr schuldig fühlen, wenn ich mich von ihr zurückziehe. Ich könnte eine klare Grenze ziehen! *(atmet hörbar aus)* Es fällt mir schwer, das überhaupt auszusprechen! Das verstehe ich jetzt überhaupt nicht!"

[Randnotiz: Hinweis auf Fam. System!]

Die Aufstellung beginnt mit dem beruflichen Dilemma

Coach: „Es könnte sein, dass sich hinter dem beruflichen ein persönliches Thema verbirgt! Sie hatten ja schon zu Beginn so etwas angedeutet. Wenn Sie einverstanden sind, beginnen wir mit dem, was offensichtlich ist: mit Ihrer beruflichen Dilemmasituation. *(Nachdem Frau Roth zustimmend nickt:)* Wen benötigen wir für die Aufstellung? Wir brauchen Sie selbst, eine Karte für die Chefin und eine für die Gruppe Ihrer Kollegen, die Hauptabteilungs-

*[Randnotiz: *, Chefin, Kollegen/Abteilungsleiter]*

4.2 „Wo bin ich da hineingerutscht?"

leiter. Können wir sie in einer Karte zusammenfassen oder gibt es aus Ihrer Sicht Gründe, es nicht zu tun, zum Beispiel Fraktionen?"
Frau Roth: „Nicht, dass ich wüsste. Wir können sie zusammenfassen."
Coach: „Gut, dann fangen wir an!"

Die Aufstellung mit Bodenankern

Frau Roth wählt eine grüne Karte für sich selbst, eine rote für die Chefin und eine blaue für die Hauptabteilungsleiter (HAL). Innerlich gesammelt legt sie zunächst ihre Pappe auf den Boden. Anschließend platziert sie die beiden anderen in Beziehung zu ihrer eigenen Karte. Folgendes Bild entsteht:

Die Pappen von Frau Roth und der Chefin liegen dicht nebeneinander auf dem Boden. Beide zeigen in die gleiche Richtung. Die Karte von Frau Roth liegt links neben der der Chefin, die Pappe von HAL seitlich, mit Blick zur Chefin.

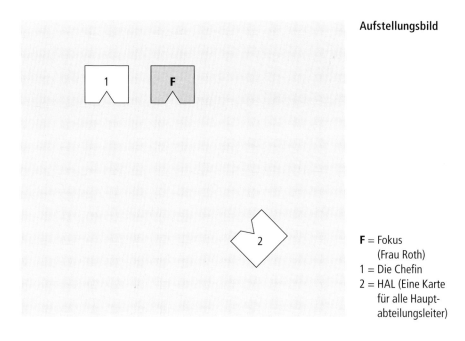

Aufstellungsbild

F = Fokus (Frau Roth)
1 = Die Chefin
2 = HAL (Eine Karte für alle Hauptabteilungsleiter)

4. Aus der Coachingpraxis

Der Coach wendet sich an Frau Roth: „Was fällt Ihnen auf, wenn Sie sich das Bild anschauen?"

Das Bild zeigt die Nähe zur Chefin

Frau Roth: „Die Karte der Chefin und meine liegen sehr dicht beieinander. Das finde ich merkwürdig. Ich will doch weg! Aber ich habe es ja so gelegt. Das ist es, was mir vor allem ins Auge sticht."

Coach: „Ja, das ist auffällig! Außerdem zeigen beide Karten – Ihre und die der Chefin – in die gleiche Richtung. Vielleicht fehlt dort etwas?"

Der zweite Coach fungiert als Stellvertreter

Der zweite Coach stellt sich jetzt nacheinander in die drei Positionen und gibt, nachdem er sich auf den jeweiligen Platz eingespürt hat, seine Wahrnehmungen wieder. Er beginnt mit der Karte von Frau Roth.

Grüne Karte: Frau Roth

„Meine Beine sind schwer. Ich fühle mich zerrissen zwischen den Kollegen und der Chefin. Meine rechte Seite fühlt sich ganz warm an. Die Nähe zu ihr *(Chefin)* ist sehr angenehm. Aber meine Kollegen sind zu weit weg. Dort muss ich immer wieder gebannt hinschauen *(zeigt auf den leeren Platz vor sich)*."

Coach: *(wendet sich erneut an den zweiten Coach, der noch auf der grünen Pappe steht)*
„Wenn du auf diesen leeren Platz schaust, ist es angenehm oder eher unangenehm?"
„Nein, nicht angenehm, fast ein wenig bedrohlich."

Nachdem er den Platz wieder verlassen hat, stellt er sich nach einer Weile auf die Karte der Chefin.

Rote Karte: Chefin

Die Chefin sucht die Nähe zu Frau Roth

„Mir geht es hier gut. Ich fühle mich kraftvoll *(zeigt auf die grüne Karte neben sich)*. Es ist gut, dass sie bei mir ist. Da kann ich viel Wärme spüren. Am liebsten würde ich sie noch näher bei mir haben. Der Platz der HAL ist o. k. Ich habe sie im Blick, das genügt. Hier fehlt etwa !" *(zeigt nach vorn)*

Nach einiger Zeit wechselt der zweite Coach auf die blaue Karte der HAL.

Blaue Karte: Die Hauptabteilungsleiter (HAL)

„Der Platz ist nicht schlecht! Ich habe die Chefin und die Kollegin im Blick. Wenn ich jedoch zur Chefin schaue, werde ich sauer. Ich würde ihr gern sagen: ‚Wir sind zum Arbeiten hier. Mit dieser Gefühlsduselei *(zeigt auf die Karte Chefin und Frau Roth)* wollen wir nichts zu tun haben! Was da vorn passiert *(zeigt auf den Platz, auf den Frau Roth und die Chefin schauen)*, interessiert uns nicht.' Zur Karte von Frau Roth kann ich eine Verbindung spüren."

Die Kollegen scheinen verärgert

Der Coach wendet sich an Frau Roth, die am Rande die Aufstellung verfolgt.

Coach: „Sagt Ihnen das etwas?"
Frau Roth: „Verwundert bin ich, dass auch *ich* ihre Nähe als angenehm empfinde! Da fehlt etwas im System – das kann ich sogar von meinem Platz aus spüren. Meine Zerrissenheit und die Stellungnahme der HAL kann ich auch gut nachvollziehen. Mich wundert aber, dass die HAL sauer auf die Chefin sind. Im Betrieb spüre ich nur, dass sie auf mich sauer sind! Kann denn so etwas sein?"
Coach: „Es könnte sich um eine Verschiebung handeln. Möchten Sie sich selbst in die verschiedenen Positionen stellen, um die Wahrnehmungen zu überprüfen?"

Das Fehlende wird einbezogen

Frau Roth verneint. Sie wählt eine weitere Karte aus, für „das, was fehlt". Sie entscheidet sich für eine schwarze Karte.

Der Coach legt die Karte an den Platz, auf den die Karten der Chefin und Frau Roths ausgerichtet sind.

4. Aus der Coachingpraxis

2. Bild

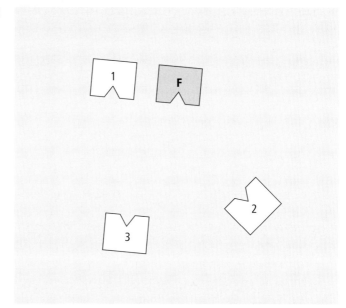

F = Fokus
  (Frau Roth)
1 = Die Chefin
2 = HAL (Eine Karte
  für alle Haupt-
  abteilungsleiter)
3 = „Das, was fehlt"

Was hat sich dadurch verändert? Um das zu überprüfen, stellt sich der zweite Coach erneut in die verschiedenen Positionen. Das Ergebnis ist sehr aufschlussreich!

Das Fehlende ändert die Situation grundlegend

Er beginnt wieder mit der Position von Frau Roth. Kaum steht er auf dieser Karte, sagt er erstaunt: „Die Situation hat sich völlig verändert. Es zieht mich hier weg, seit ‚das, was fehlt' hinzugekommen ist. Der Platz hier neben der Chefin stimmt nicht mehr!"

Auch auf dem Platz der Chefin haben sich die Wahrnehmungen verändert. Ihre Aufmerksamkeit geht jetzt ausschließlich zu der neuen Karte. Die Nähe von Frau Roth hat auch für die Chefin keine Bedeutung mehr.

Als Nächstes stellt er sich auf den Platz von HAL. Hier berichtet er, mit der Ergänzung durch die neue Position sei der Ärger verflogen. „Die Chefin soll ihren persönlichen Kram

4.2 „Wo bin ich da hineingerutscht?"

jetzt endlich klären, damit sie *(zeigt auf Karte des Fokus)* wieder mit uns im Boot sitzt", bekräftigt er. „Das, was fehlt" interessiere ihn nicht.

Als Letztes stellt er sich auf den Platz für „das, was fehlt". „Ich möchte dort gar nicht hinschauen! *(zeigt auf den Platz der Chefin)* Am liebsten möchte ich mich umdrehen und verschwinden. Je länger ich hier stehe, desto trotziger und unwilliger werde ich. Alles andere interessiert mich nicht."

Coach: *(wendet sich an Frau Roth)* „Haben Sie eine Vermutung, wen diese Karte symbolisieren könnte?"

Frau Roth: „Ich glaube, dass ‚das, was fehlt' nichts mit dem Verlag zu tun hat. Bei ‚Trotz' fallen mir die Gerüchte über ihre Kinder ein! Der Sohn hat sich von vornherein nicht für den Verlag interessiert, lebt heute im Ausland. Genaues weiß ich nicht. Über die Tochter wird gemunkelt, sie wollte eigentlich in den Verlag einsteigen. Sie hat, glaube ich, auch begonnen, etwas in der Richtung zu studieren. Nachdem der Vater gestorben war, muss es einen riesigen Krach zwischen Mutter und Tochter gegeben haben. Jedenfalls wird gesagt, dass die Tochter von einem Tag auf den anderen das Elternhaus verlassen hat. Das ist alles, was ich weiß."

Coach: „Wir können da nur vermuten. Aber für Ihr Anliegen spielt es keine Rolle, wenn wir nicht wissen, was sich hinter ‚dem, was fehlt' verbirgt. Für Ihre Chefin wäre es wichtig, aber um sie geht es ja hier nicht. Wichtig für Sie ist es aber zu verstehen, dass ‚das, was fehlt' bei Ihrer Chefin ein Vakuum hinterlassen hat, in dessen Sog Sie hineingeraten sind. In dem Moment, als ‚das, was fehlt' dazukam, verschwand der Sog. Der Platz neben ihr war weder für Sie selbst noch für die Chefin länger attraktiv. Jetzt schauen wir, wie wir das System ordnen können, damit jeder an seinem angemessenen Platz steht."

Das Fehlende scheint ins Familiensystem der Chefin zu gehören

Bei der Chefin hat das Fehlende ein Vakuum hinterlassen

4. Aus der Coachingpraxis

Der Coach verändert die Positionen der Karten und findet eine Ordnung, in der jeder einen stimmigen Platz im Unternehmenssystem findet. Der zweite Coach überprüft das Bild noch einmal, indem er sich erneut auf jede Karte stellt. Wir finden folgendes Lösungsbild:

Die Chefin steht rechts von „dem, was fehlt". Diese Position erweist sich nach mehreren Umstellungen als die stimmigste. Den beiden gegenüber stehen im Uhrzeigersinn die Hauptabteilungsleiter und Frau Roth.

Lösungsbild

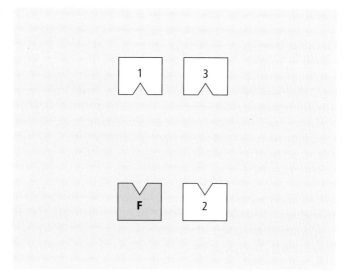

F = Fokus (Frau Roth)
1 = Die Chefin
2 = HAL (Eine Karte für alle Hauptabteilungsleiter)
3 = „Das, was fehlt"

Zum Abschluss der Aufstellung bittet der Coach Frau Roth, sich nun selbst auf ihre Karte in das Lösungsbild zu stellen.

Von ihrem Platz aus schaut sie immer wieder zur Karte „das, was fehlt".

Das Lösungsbild löst Skepsis aus

Coach: „Sie wirken skeptisch."
Frau Roth: „Ja! Ich müsste mich doch eigentlich erlöst fühlen. Bin ich aber nicht!"

Coach: „Sondern?"
Frau Roth: *(zögernd)* „Ich werde traurig, wenn ich das sehe!"
Coach: „Das gehört wahrscheinlich woanders hin und hat nichts mit Ihrer Arbeitsbeziehung zu tun! Haben Sie eine Idee, wo die Traurigkeit hingehört?"

Die Klientin schüttelt den Kopf. Nach längerem Schweigen sagt sie: „Doch, ich glaube, zu meinem Vater! Das ist die gleiche Situation wie damals!"

Das Familienthema der Klientin zeigt sich

Coach: „Worum geht es? Gilt Ihr Angebot noch, Ihre Familie mit einzubeziehen? *(Sie nickt.)* Erzählen Sie etwas über sie. Wie sind Sie aufgewachsen? Auch hier benötigen wir nur die Fakten."
Frau Roth: „Ich bin ein Einzelkind. Als ich zehn Jahre alt war, haben sich meine Eltern getrennt, das heißt, meine Mutter hat sich von meinem Vater getrennt. Da ich eine viel bessere Beziehung zu ihm hatte, bin ich bei ihm geblieben.

Nach der Trennung der Eltern blieb sie beim Vater

Meiner Mutter war es damals recht. Ich habe dann allein mit meinem Vater gelebt, der sich trotz seiner vielen Arbeit sehr um mich gekümmert hat. Wir hatten eine gute Zeit miteinander! Die endete aber abrupt, als mein Vater seine jetzige Frau kennen lernte. Sie zog dann auch bald bei uns ein, und ich zog sofort aus, als ich volljährig war! An diese Situation hat mich das Lösungsbild erinnert."
Coach: „Das muss damals hart für Sie gewesen sein! Suchen Sie bitte eine weitere Karte für Ihren Vater aus."

Sie wählt die Farbe dunkelgrün. Der Coach legt nun diese Karte in einiger Entfernung ihr gegenüber auf den Boden. Er bittet sie, sich auf dieser Karte ihren Vater vorzustellen.

Als Kind wollte sie ihrem Vater helfen

Coach: „Stellen Sie sich vor, Ihr Vater stände vor Ihnen. Können Sie sich ihn vorstellen?"

4. Aus der Coachingpraxis

Nach einiger Zeit nickt sie. „Wie schaut Ihr Vater Sie an?"
„Traurig!"
„Wie nennen Sie Ihren Vater?"
„Papa!"
„Sagen Sie ihm: ‚Papa, das hat mir damals sehr weh getan! Plötzlich brauchtest Du mich nicht mehr!'"

Frau Roth wiederholt diesen Satz mit Tränen in den Augen und atmet dann tief durch.
„Das endlich mal sagen zu dürfen, hat gut getan. Ich habe ihr auch die Schuld daran gegeben, dass sich durch ihren Einzug bei uns alles geändert hat. Als wenn mein Vater das Opfer gewesen wäre! Er war ja erwachsen!"

Coach: „Genau! Sagen Sie ihm weiter: ‚Ich stimme jetzt zu, dass du eine neue Frau genommen hast. Ich mische mich da nicht mehr ein. Ich bin nur dein Kind, aus allem anderen halte ich mich nun heraus. Aber als mein Papa hast du einen großen Platz in meinem Herzen.'"

Die Klärung der Familienrollen gibt Kraft

Frau Roth spricht auch diese Sätze nach. Jetzt bekommt ihre Stimme mehr Kraft, der weinerliche Tonfall verschwindet.

„Wie geht es Ihnen jetzt?"
„Als wenn eine Zentnerlast von meinen Schultern genommen wurde. Ja, er hat wirklich einen großen Platz in meinem Herzen. Aber etwas fehlt noch!"
„Ja, wählen Sie noch eine Karte für Ihre Mutter aus."

Frau Roth wählt eine gelbe Karte. Der Coach legt sie neben die Pappe für ihren Vater auf den Boden.

„Stellen Sie sich auf diesem Platz Ihre Mutter vor. Können Sie auch von ihr ein Bild bekommen? *Nach einiger Zeit nickt sie.* Wie schaut Ihre Mutter Sie an?"

4.2 „Wo bin ich da hineingerutscht?"

„Streng!"
„Wie nennen Sie Ihre Mutter?"
„Mama."
„Behalten Sie das Bild und sagen Sie ihr: ‚Mama, ich wollte Papa nicht allein lassen. Ich wollte helfen.'"

Ein Kind kann den Eltern nicht ihre Aufgaben abnehmen

Frau Roth spricht diesen Satz mit trotziger Stimme nach. Der Coach bittet sie, diesen Satz noch einmal mit normaler Stimme zu wiederholen.

„Sagen Sie ihr weiter: ‚Ich habe es aus Liebe zu euch getan. Aber es war zu viel für mich, ich kann da nicht helfen. Ich bin nur das Kind, euer Kind. Ihr seid die Großen, ich die Kleine!'"

Frau Roth spricht auch diese Sätze nach.
Der Coach reicht ihr einen Gegenstand.

„Bitte legen Sie ihn vor die Karten der Eltern und stellen Sie sich dabei vor, Sie legen ihn in die Hände Ihrer Eltern. Dieser Gegenstand symbolisiert das zu viel Übernommene, alle Aufgaben also, die Sie den Eltern abgenommen haben, die nicht zu einem Kind gehören.

Rückgabe

Legen Sie ihn mit den Worten nieder: ‚Was ich zu viel übernommen habe, gebe ich euch zurück. Ihr seid die Großen, ich die Kleine.'"

Sie gibt das zu viel Übernommene symbolisch zurück

Frau Roth vollzieht dieses Ritual.
Lange herrscht Schweigen im Raum.

Der Coach nimmt die Karten der Eltern und legt sie an den Rand der Aufstellung.
„Schauen Sie noch einmal die Karte Ihrer Chefin und ‚das, was fehlt' an. Wie ist es jetzt?"

Th

4. Aus der Coachingpraxis

Erst jetzt kann das Lösungsbild wirken

„Eine große Veränderung! Der Platz hier neben meinen Kollegen ist jetzt o.k. für mich. Der Sog ist weg! Die Chefin hat an Wichtigkeit verloren, und der Platz neben ihr auch. Es ist nicht mehr mein Platz!"

Sie schaut auf den Platz der Hauptabteilungsleiter neben sich.

„Das ist gut, dass sie in meiner Nähe sind. Jetzt kann die Arbeit weitergehen! Ich hoffe nur, dass sie meine Veränderung auch spüren! Der Kontakt zu meinen Kollegen ist mir sehr wichtig."

Damit beenden die Coaches die Aufstellung.

Nachbesprechung

Coach: „Wie geht es Ihnen jetzt?"

Frau Roth: „Ich weiß gar nicht, was ich sagen soll! Es war so viel. Dass Ereignisse, die so lange zurückliegen, solche Auswirkungen haben können! Können Sie etwas zur Dynamik sagen? Ich bin mir nicht sicher, ob ich alles richtig mitbekommen habe!"

Coach: „Natürlich, auch der Kopf will verstehen! Was wir hier miterleben durften, war eine klassische Reinszenierung von Familienthemen im Beruf. Das kommt häufig vor. Was genau ist reinszeniert worden? Als sich Ihre Eltern damals getrennt haben, ist der Platz neben Ihrem Vater frei geworden. Ich vermute mal, schon vorher."

Frau Roth: *(unterbricht)* „Mit Sicherheit! Meine Eltern hatten sich schon lange nicht mehr verstanden. Von meiner Mutter weiß ich, dass sie immer von meinem Vater weg wollte. Das hat sie dann ja auch geschafft."

Coach: „Die Probleme Ihrer Eltern können wir natürlich hier nicht lösen. Das wäre auch nicht unsere Aufgabe. Wichtig für Sie ist es aber, die Dynamik, die sich gezeigt hat, zu verstehen. Nämlich: Dass Sie diesen leeren Platz bei Ihrem Vater eingenommen haben, um zu helfen.

Auch Ihr Vater hat dem zugestimmt, sonst hätte es nicht funktionieren können. Diese Dynamiken laufen natürlich unbewusst ab. Später kam dann für Sie die große Enttäuschung, als sich Ihr Vater eine ‚richtige Frau' nahm. Das alles hatten Sie bestimmt schon vergessen, was aber blieb, ist die Neigung, in ‚Leerplätze' einzuspringen, und zwar in Positionen, die unangemessen sind. Das kann im beruflichen sowie persönlichen Kontext geschehen."

[Handschriftliche Notiz: Zusammenhang berufliche Situation Familiensystem]

Frau Roth: „Das ist für mich eine völlig neue Sichtweise! Dazu fällt mir eine persönliche Frage ein. *(Der Coach nickt.)* Mir sind schon mehrmals Freundschaften auseinander gegangen, weil die Freundinnen mir vorwarfen, mich in deren Beziehungen einzumischen. Ich habe das damals als Neid auf meine Ungebundenheit gesehen. Jetzt bin ich mir da nicht mehr so sicher!"

Die Neigung für andere einzuspringen …

Coach: „Das müsste man sich natürlich im Einzelnen anschauen. Aber es könnte sich da die gleiche Dynamik auswirken. Auch das wäre eine angemaßte Position: die bessere Frau für den Mann der Freundin zu sein. Gehen wir aber wieder zurück zu Ihrer Aufstellung. Es zeigte sich, dass es bei Ihrer Chefin auch solch einen leeren Platz gab. Wir wissen nicht, wer dort hingehört, können aber davon ausgehen, dass es sich um eine nahe stehende Person handelt – möglicherweise ein Familienmitglied, das auch eine Rolle im Unternehmen spielt oder gespielt hat. In Familienunternehmen vermischen sich oft die Systemebenen.

Die Erfahrung aus Ihrer Herkunftsfamilie hat Sie für diese Rolle geradezu prädestiniert. Das konnten wir lösen, als die richtige Person ihren Platz in der Aufstellung eingenommen hat und Sie in einem nächsten Schritt das zu viel von den Eltern Übernommene zurückgegeben haben. Erst dann war es Ihnen möglich, Ihren angemessenen Platz neben Ihren Kollegen einzunehmen."

… kann sich privat und beruflich zeigen

4. Aus der Coachingpraxis

Klare Grenzen sind wichtig

Frau Roth: „Das habe ich jetzt verstanden! Ich weiß von Familienaufstellungen, dass man diese Arbeit nicht als Handlungsanweisung sehen soll. Können Sie mir trotzdem Tipps geben, wie ich mich im Verlag der Chefin und auch den Kollegen gegenüber verhalten soll?"

Coach: „Sie gehen mit einem neuen und erweiterten Bild in den Verlag. Sie kennen jetzt auch Ihre Tendenz einzuspringen. Verhalten Sie sich freundlich Ihrer Chefin gegenüber – aber als ihre Angestellte!
Sie sind jetzt in der Lage, ihr Grenzen zu setzen. Sollten Sie den Sog wieder spüren, erinnern Sie sich an das Lösungsbild! Es kann auch helfen, Ihrer Chefin innerlich zu sagen: ‚Als Ihre Mitarbeiterin stehe ich Ihnen gern zur Verfügung. Von allem anderen ziehe ich mich zurück!'
Abschließend möchten wir Ihnen ein Experiment vorschlagen, in dem Sie Ihre Fähigkeit sich abzugrenzen trainieren."

Die Übung, die wir Frau Roth vorschlagen, können Sie auch selbst durchführen. Sie finden sie in Kapitel 5 ab Seite 164.

Wichtige Aussagen

Familienthemen werden oft im Unternehmen reinszeniert, besonders in Familienbetrieben. So geschieht es manchmal, dass Angestellte unangemessene Positionen einnehmen, die Familienangehörigen zukommen.

4.3 „Dürfen die alles, nur weil sie Vorstände sind?" Gewissensbisse mit den Ordnungen der Macht

Paul Schnell (siehe Kapitel 2.3, Seite 59) haben Sie als einen innovativen und unkonventionellen IT-Unternehmer kennen gelernt, der auch in kritischen Situationen nicht aufgibt.

Für seine von Insolvenz bedrohte Firma interessierte sich zum Zeitpunkt der Aufstellung ein Konzern. Nach anfänglichen Bedenken einigte sich Herr Schnell mit dem Konzern auf einen schrittweisen Einstieg. Voraussetzung war dabei für ihn der Erhalt der Mehrzahl der Arbeitsplätze und des Firmennamens. Nach Übernahme durch den Konzern orientierte er sich bei verschiedenen Personalberatern über seinen Marktwert als Führungskraft und stellte zu seiner Überraschung fest, dass dieser hoch angesiedelt war.

Bald schon entstand ein Kontakt zu einem amerikanischen Hightech-Unternehmen, das für seine europäische Niederlassung einen Entwicklungsvorstand suchte. Das Umfeld, der lockere Umgangston der Amerikaner und die Dotierung der Vorstandsposition gefielen ihm auf Anhieb, so dass er ohne langes Zögern zusagte.

Nach einem Jahr als Entwicklungsvorstand ruft Herr Schnell uns an, um einen Coachingtermin zu vereinbaren. In einem Seminar- und Management-Zentrum treffen wir uns für eine halbtägige Sitzung.

Entwicklungsvorstand bei einem US-Unternehmen

halbtägige Coaching-Sitzung

Nachdem wir einige Erfahrungen und Neuigkeiten ausgetauscht haben, kommt Herr Schnell zur Sache:
„Ich scheine wirklich Pech zu haben. Dabei hat im neuen Job alles so gut angefangen. Aber das war ja bei meinem eigenen Unternehmen auch der Fall."

4. Aus der Coachingpraxis

Die Situation in der neuen beruflichen Stellung

Coach: „Was ist denn bei Ihrem neuen Arbeitgeber passiert?"

Anfangs schien alles traumhaft

Herr Schnell: „Also, anfangs sah alles rosarot aus. Ich dachte: ‚Mensch, jetzt bist du endlich dort gelandet, wo du immer hinwolltest!' Sie erinnern sich vielleicht: Amerika war immer mein Traum. Ich habe dort viel gelernt und vor allem gefällt mir die lockere, unkomplizierte Art der Amerikaner.

Diese Vorstandsposition bietet mir nun wirklich alle Möglichkeiten: Ich kann endlich wieder neue Ideen entwickeln, kann in viel größerem Rahmen gestalten. Die finanziellen Ressourcen sind ja vorhanden. Man lässt mir auch relativ freie Hand. Ich fliege oft zu Meetings in die Staaten, was ich sehr genieße. Mit meinen Mitarbeitern habe ich ein prima Verhältnis. Eigentlich ist alles traumhaft!"

Coach: „Aber jetzt kommt das dicke Ende …?"

Hinter der Fassade sieht es anders aus

Herr Schnell: „Genau. Ein ziemlich dickes, finde ich. Der Fisch stinkt nämlich am Kopf! Hinter der schönen, glänzenden Fassade und all der lockeren Nettigkeit unter den Vorständen verbergen sich ziemlich üble Machenschaften. Und das macht mir noch mehr Bauchschmerzen als der Absturz meines eigenen Unternehmens. Da war ich wenigstens für alles selbst verantwortlich."

Coach: „Sie sprechen vom persönlichen Verhalten der Vorstände …"

Herr Schnell: „Ja, es ist unglaublich, was da abläuft. Ich spreche von unseren beiden Vorstandsvorsitzenden für USA und Europa. Was die sich herausnehmen! Wenn mir jemand vor einem Jahr so etwas erzählt hätte, wäre der für mich ein Spinner gewesen. Aber bevor ich Ihnen Einzelheiten erzähle: Das muss alles unter uns bleiben."

Coach: „Natürlich. Das ist ja auch in meinem eigenen Interesse."

4.3 „Dürfen die alles, nur weil sie Vorstände sind?"

Herr Schnell: „Ja, sehen Sie, Diskretion und Vertrauen wären meinen Chefs im Vorstand völlig gleichgültig. Die brechen nicht nur, ohne mit der Wimper zu zucken, ihre Versprechen, sondern auch die Grundregeln, auf denen Vertrauen in die Wirtschaft beruht. Sie handeln nur nach ihren eigenen Spielregeln.

Also, es geht um Folgendes: Das Unternehmen steht längst nicht so gut da, wie es nach außen ausschaut. Die Bilanzen werden geschönt – vielleicht nicht im strengen Sinne gefälscht, aber es wird halt mit Zahlen so jongliert, dass Verluste erst später auftauchen und das laufende Geschäftsjahr viel besser aussehen lassen, als es den Fakten entspricht."

Coach: „Was ist der Grund? Geht es dem Vorstand dabei um strategische Vorteile für das Unternehmen?"

Herr Schnell: „Nein, das ist es ja! Wissen Sie, warum sie das machen? Zur persönlichen Bereicherung! Durch die geschönten Zahlen steigt der Börsenwert des Unternehmens, und die Vorstände kassieren über ihre Aktienanteile kräftig ab. Dabei ist längst geplant, im übernächsten Geschäftsjahr die Bombe platzen zu lassen. Die Verluste werden dann derartig durchschlagen, dass der Aktienkurs dramatisch einbrechen muss."

Coach: „Aber das kann doch nicht im Interesse der Vorstände sein, wenn sie selbst Aktienpakete halten!"

Herr Schnell: „Das habe ich anfangs auch gedacht. Doch das Spiel läuft anders. Sie wollen das Unternehmen mit dem Kurseinbruch bewusst so an die Wand fahren, dass der Vorstand abtreten muss. Natürlich werden sie nach außen hin Flagge zeigen und beteuern, sie hätten stets alles getan und würden auch jetzt alles tun, um die Firma zu retten. Sie wissen aber, dass sie bei solchen Zahlen gezwungen werden zu gehen, und zwar gegen eine sehr hohe Abfindung.

Das ist alles längst geplant. Sie haben die Vergleichszahlen von ähnlichen Vorstandswechseln genau geprüft.

Bilanzen werden geschönt

Es geht um Profit

Der Coup der Vorstände ruiniert das Unternehmen

4. Aus der Coachingpraxis

Die Abfindungssummen liegen so hoch, dass sie auf die Aktienverluste bei Kurseinbruch pfeifen können. Außerdem werden sie vermutlich einen Großteil ihrer Aktien bis dahin stillschweigend unter der Hand verkauft haben. Und was mich am meisten dabei aufbringt: Das Unternehmen geht kaputt! Die Mitarbeiter können nach Hause gehen!"

Coach: „Das ist ja ein Ding! Wäre denn das Unternehmen aus Ihrer Sicht mit einer anderen Strategie noch zu retten?"

Herr Schnell: „Ja, davon bin ich überzeugt! Wir würden zwar in jedem Fall Kursverluste und Auftragsrückgänge hinnehmen müssen. Aber wenn wir mit den Verlusten realistisch umgingen und jetzt sofort gegensteuerten, wären die Schwankungen handhabbar."

Coach: „Haben Sie mit Ihren Vorstandschefs darüber gesprochen?"

Die Vorstände betrachten es als Spiel

Herr Schnell: „Ja, natürlich, ich habe mich engagiert, auf unsere Verantwortung für das Unternehmen und die Mitarbeiter gepocht und dabei meine eigene Geschichte in die Waagschale geworfen. Schließlich haben die meisten meiner Mitarbeiter ihren Job behalten – trotz des Absturzes. Und wissen Sie, was sie dazu sagen? Sie lachen mich aus! ‚Oh, come on Paul', heißt es dann, ‚don't be so damn serious. Be a little more playful! Enjoy!' (‚Ach, komm schon, Paul. Sei nicht so verdammt ernst. Nimm es von der spielerischen Seite!') Mir geht da das Messer in der Tasche auf!"

Coach: „Mich wundert, dass die Vorstände so offen darüber reden!"

Herr Schnell: „Erst einmal denken sie, der Schnell wird schon noch einschwenken. Sie können sich nicht vorstellen, dass jemand nicht bereit ist, für Geld so ziemlich alles zu tun. Und außerdem haben sie sich natürlich abgesichert. Ich könnte ihnen persönlich gar nichts beweisen. Wenn ich zum Beispiel an die Aktionäre oder die Presse heranträte, stände ich nachher als der Dumme oder vielleicht sogar noch als der Schuldige da. Wissen Sie, was in deren Köpfen vorgeht, wenn ich argumentiere? Sie glauben, ich sei lediglich sauer, weil ich als junger Entwicklungsvorstand entweder im Unternehmen belassen würde oder nur einen Bruchteil ihrer Abfindung bekäme! Jetzt sagen Sie mal: Dürfen die eigentlich alles, nur weil sie Vorstände sind, weil sie die Macht haben? Ich meine nicht juristisch, da sind sie sowieso aus dem Schneider – sondern, wie haben Sie das noch genannt, systemisch?"

Gibt es eine Ordnung der Macht?

Coach: „Jetzt sprechen Sie die Ebene an, auf der wir Ihr Anliegen hier bearbeiten können. Sie haben es ja schon durch Ihre eigene Einschätzung eingegrenzt. Wenn ich Sie richtig verstanden habe, können Sie die Entwicklung ohne Unterstützung der Vorstandsvorsitzenden nicht mehr aufhalten."

Herr Schnell: „So ist es, leider. Ich möchte einfach für mich selbst klar bekommen, wie ich mich verhalte. Soll ich helfen, den Karren aus dem Dreck zu ziehen, wenn der jetzige Vorstand abgedankt hat? Oder ist es nicht besser, sofort zu kündigen, solange mein Ruf noch nicht in Mitleidenschaft gezogen ist, und mich um meine Karriere zu kümmern?"

Das Dilemma

Coach: „O. k., was war für Sie in der damaligen Krise in Ihrem eigenen Unternehmen am wichtigsten?"

Herr Schnell: „Mir war wichtig, dass es für alle möglichst gut ausging, für meine Mitarbeiter, meine Kunden und die Aktionäre. Was mir dann die Augen geöffnet hat, war Ihr Hinweis in der Aufstellung, dass ich auch den Konzern, der uns übernehmen will, würdigen muss. Das war schwer zu schlucken, aber jetzt habe ich es verstanden. Aber was ist nun mit *diesem* Vorstand – verdienen die etwa auch Würdigung?"

Coach: „Durch die Würdigung des Konzerns war es Ihnen damals möglich, eine gute Lösung zu finden. Und darum geht es – nicht um Würdigung als moralische Größe.

4. Aus der Coachingpraxis

Wenn Macht dem Unternehmen dient, verdient sie Würdigung

Systemisch betrachtet, muss immer gewürdigt werden, wer einem System hilft zu überleben. Wer also Macht hat, z. B. als Vorstand eines großen Unternehmens, und diese Macht auch benutzt, um sich persönlich zu bereichern, verdient dennoch diese Würdigung, die Sie ansprechen – allerdings nur solange er dabei dem Systemerhalt dient. Auf Vorstandsetagen fließen große Summen, und in der Öffentlichkeit regt man sich darüber auf. Die Relation zum Gesamtfinanzvolumen eines Unternehmens wird dabei leicht übersehen.
Der entscheidende Punkt ist aber, ob der Vorstand viel Geld kassiert und im Gegenzug für das Überleben des Unternehmens arbeitet. Dann ist es systemisch in Ordnung, d. h., die Systemmitglieder stimmen ihm innerlich zu, weil er auch ihre Existenzgrundlage sichert. Und der gut verdienende Vorstand hat ein reines Gewissen, wenn er seinen Scheck erhält, weil es seine Zugehörigkeit zum System durch seine Arbeit für dessen Erhalt bestätigt. Wie Sie sich vielleicht erinnern, hat ‚systemisches Gewissen' mit Zugehörigkeit zu tun, nicht mit Moral.[1]"

Herr Schnell: „Ja, ich erinnere mich. Das hat mir eingeleuchtet. Aber die machen doch das Unternehmen bewusst kaputt. Sie sorgen ja eben nicht für das ‚Überleben des Systems'! Und trotzdem gehören sie dazu und müssen gewürdigt werden?! Da komme ich nicht mehr mit!"

Gehören die Vorstände zum Unternehmen?

Coach: „Das ist eben die Frage, ob sie dazugehören oder nicht! Wenn jemand zum eigenen Vorteil den Untergang des Systems, dem er angehört und das ihn trägt und bezahlt, betreibt oder in Kauf nimmt – gehört er dann noch dazu? Gehört der Krebs zum Körpersystem, das er zerstört? Krebszellen verhalten sich ganz ähnlich, wie Sie Ihre Vorstände beschreiben. Sie wachsen und vermehren

---
[1] Vgl. zum Systemerhalt und zum systemischen Gewissen in Unternehmen auch Horn/Brick: *Das verborgene Netzwerk der Macht*, Kapitel 1

sich, indem sie gewissermaßen den Körper verzehren, in dem sie leben. Mit dem Unterschied, dass sie auch mit dem Körper sterben.

Ihre Vorstände haben dagegen scheinbar nicht vor, mit dem sinkenden Schiff unterzugehen – im Gegenteil. Insofern spricht einiges für die Vermutung, dass sie noch weniger zum Unternehmenssystem gehören als Krebs zu einem Körpersystem."

Herr Schnell: „Das ist ja eine absurde Situation: Vorstände führen ein Unternehmen, dem sie sich überhaupt nicht zugehörig fühlen!"

Coach: „Eine fatale Situation! Allerdings können Sie und ich das nicht lösen. Auch wenn die Macht dort in den falschen Händen läge – noch ist sie bei den Personen, von denen Sie sprechen. Wenn sie ebenfalls hier wären, um die Situation zu bearbeiten, könnten wir das aufstellen. Möglicherweise zeigten sich noch ganz andere Verstrickungen. Oder es wäre sofort sichtbar, dass sie das System verlassen müssen.

Aber da sie das anscheinend ohnehin vorhaben, könnte es nur um Schadensbegrenzung gehen, genauer gesagt um zwei Schadensbegrenzungen: Die eine beträfe den Schaden, den die Vorstände sich selbst zufügen. Wer sich so verhält, zahlt dafür später einen hohen Preis. Cleverness ist noch keine echte Intelligenz. Der andere Schaden betrifft das betrogene Unternehmen. Dort könnten wir etwas tun, wenn das in Ihrem Aktionsradius läge."

Aufstellungen für andere sind nicht möglich

Herr Schnell: „Nein, dazu reichen meine Kompetenz und mein Einfluss nicht aus. Ich kann da nichts machen."

Coach: „Worum also soll es in unserer gemeinsamen Arbeit heute gehen? Was wollen Sie erreichen?"

Nur was im eigenen Kompetenzbereich liegt, kann aufgestellt werden

Herr Schnell: „Erst mal geht es für mich um die Frage: Soll ich sofort kündigen und mich um die eigene Karriere kümmern, oder soll ich weitermachen und schauen, ob ich nach dem Abtritt des jetzigen Vorstandes dem Unternehmen wirklich helfen kann?"

4. Aus der Coachingpraxis

Coach: „Dann rechnen Sie nicht mit Ihrer Ablösung, wenn der Vorstand ausgewechselt wird?"

Das Dilemma wird konkretisiert

Herr Schnell: „Nein, das wäre unwahrscheinlich. Dass ich für diese Entwicklung kaum mitverantwortlich bin, kann sich eine neue Unternehmensleitung an fünf Fingern abzählen. Welche Hausmacht habe ich denn schon im Vergleich zu den Schwergewichten im Vorstandsvorsitz?!"

Coach: „Welche Chancen sehen Sie für die Zukunft, wenn Sie bleiben?"

Herr Schnell: „Mich reizt die Vorstellung, ein Unternehmen vom Rand des Abgrunds wieder nach vorn zu bringen. Das ist mir bei meiner eigenen Firma nicht geglückt. Vielleicht habe ich hier die Chance, an so einem Projekt mitzuarbeiten. Wenn es gelänge, den Abwärtstrend umzukehren, wäre das für mich auch eine persönliche Befriedigung – ein bisschen so, als könnte ich woanders wieder gutmachen, was mir damals missglückt ist."

Coach: „Und was spricht dagegen?"

Zwei konträre Stimmen

Herr Schnell: „Es dauert zu lange. Es ist riskant! Was ist mit meinem Image im Markt, wenn ich schon wieder mit einem abgestürzten Unternehmen in Zusammenhang gebracht werde?"

Coach: „Das klingt, als gäbe es in Ihnen zwei gegensätzliche Stimmen: Die eine möchte helfen und mit anpacken, ohne in erster Linie an sich selbst zu denken. Die andere schaut auf Ihre eigene Karriere und hat persönliche Interessen im Blick."

Herr Schnell: „Ja, so könnte man es sagen."

Coach: „Ich schlage Ihnen vor, mit diesen beiden Seiten Ihrer Persönlichkeit zu arbeiten, damit Sie deren Absichten besser verstehen. Im Alltagsleben sind wir meist so stark mit einer Teilpersönlichkeit[1] verschmolzen, dass wir ihre Meinungen und Entscheidungen für unsere

---

[1] Siehe dazu Horn/Brick: *Das verborgene Netzwerk der Macht*, Seite 180 f.

halten. Wenn so ein Teil in uns spricht und handelt, glauben wir: „Das bin ich!" So lange jedenfalls, bis ein anderer Teil sich nach vorn drängt und das Gegenteil fordert oder unser Verhalten kritisiert. Deshalb möchte ich Ihnen Gelegenheit geben, Ihre beiden inneren Kontrahenten ins Rampenlicht zu rücken. So können Sie deren Sichtweisen und Vorschläge deutlich unterscheiden. Wenn Sie dann eine Entscheidung treffen, kommt sie weder von der einen, noch von der anderen Seite. Sie selbst treffen die Entscheidung, nachdem Sie beiden sorgfältig zugehört und ihre jeweiligen Standpunkte erwogen haben."

Dialog mit Teilpersönlichkeiten *(Voice Dialogue)*

Herr Schnell: „Klingt gut. Und wie geht das?"

Coach: „Indem ich einen Dialog mit diesen Teilen Ihrer Persönlichkeit führe. Ich spreche mit ihnen wie mit wirklichen Personen. Während ich mich mit ihnen unterhalte, können Sie zuhören und wie von außen erleben, wie sie sich äußern."

Herr Schnell: „Da bin ich aber mal gespannt!"

Coach: „Dann lassen Sie uns beginnen. Wie möchten Sie den Teil nennen, der vor allem an das Wohl anderer denkt und helfen möchte?"

Herr Schnell: „Das ist so ein richtiger ‚Gutmensch', oder?"

Coach: „Finden Sie einen Namen, der ihn würdigt und seine Stärke betont."

Herr Schnell: „Hm, der Helfer, vielleicht."

Coach: „Gut. Und wie nennen Sie den Teil, der Ihnen hilft, Ihre eigenen Interessen zu wahren?"

Herr Schnell: „Das ist mein ‚Pragmatiker', würde ich sagen."

Coach: „Wollen wir mit dem Helfer beginnen?"

Herr Schnell: „O. k."

Coach: „Sie wissen ja bereits, wie Sie in einer Aufstellung einen Platz für einen Stellvertreter finden. Machen Sie das jetzt bitte genauso. Stellen Sie sich einfach vor, der

Auch innere Personen brauchen Würdigung

4. Aus der Coachingpraxis

Helfer sei jetzt nicht in Ihnen, sondern hier im Raum. Spüren Sie dann, wo er sich jetzt in Beziehung zu Ihnen befindet, und nehmen Sie diesen Platz ein."

Herr Schnell steht auf, probiert verschiedene Positionen aus und bleibt etwas zögernd unmittelbar rechts neben dem Stuhl stehen. Auf die Frage, ob er lieber säße, bejaht er, zieht sich den Stuhl herüber und nimmt auf der Stuhlkante Platz, ohne sich anzulehnen. Er schaut den Coach mit einem fragenden Ausdruck an.

Coach: „Hallo!"
Helfer: „Hi!"
Coach: „Schön, dass ich mich mit Ihnen ein wenig unterhalten kann! Paul hat mir berichtet, Ihre Meinung sei sehr wichtig für seine Entscheidung im Unternehmen!"

Der Helfer in Herrn Schnell hat die anderen im Blick

Helfer: „Ich weiß nicht. Ich hoffe das, weil ich sehr besorgt über die Entwicklung dort bin. Auf jeden Fall möchte ich vermeiden, dass unschuldige Menschen durch diese rücksichtslosen Egoisten im Vorstand zu Schaden kommen! Dafür müssen wir alles tun!"
Coach: „Ich verstehe, das ist Ihre erste Priorität. Welche Rolle spielt seine *(zeigt auf Herrn Schnells Platz)* Karriere in diesem Zusammenhang?"
Helfer: „Man darf doch in so einer Situation nicht an die eigene Karriere denken! Paul ist ja nicht in persönlicher Gefahr! Er hat weder eine Familie zu versorgen, noch muss er befürchten, am Hungertuch zu nagen. Nein, er sollte sich jetzt ohne Wenn und Aber für das Unternehmen und die Mitarbeiter einsetzen!"
Coach: „Haben Sie diesen Standpunkt auch vertreten, als sein eigenes Unternehmen in der Krise steckte?"
Helfer: „Selbstverständlich! Und ich bin stolz darauf, dass wir die meisten Arbeitsplätze erhalten konnten. Und was Paul betrifft, der fällt schon wieder auf die Füße. Auf gar keinen Fall darf er von diesen Machenschaften im

4.3 „Dürfen die alles, nur weil sie Vorstände sind?"

Vorstand persönlich profitieren. Das wäre ja wohl das Letzte, so etwas womöglich noch taktisch auszunutzen!"
Coach: „Ich verstehe jetzt, was Ihnen wichtig ist. Und da Sie ja sehr nahe bei Paul sitzen, nehme ich an, Ihr Einfluss ist groß!"
Helfer: „Ohne mich läuft nichts. Davon können Sie ausgehen!"
Coach: „Was möchten Sie vor allem für Paul erreichen?"
Helfer: „Ich möchte, dass die Menschen ihn mögen und als fair und anständig respektieren. Damit fährt er am besten."

<small>Seine Werte: Fairness und Anstand</small>

Der Coach bedankt sich beim Helfer für das Gespräch und bittet Herrn Schnell, wieder seinen eigenen Platz einzunehmen. Als er sich setzt, ändert sich seine Körperhaltung, und er antwortet in einem entspannteren Tonfall. Der Coach fragt ihn, wie er den Helfer erlebt habe.

Herr Schnell: „Ja, das ist er! Lieber möchte ich eigentlich sagen: Das bin ich! Aber das war eigenartig, ihn so sprechen zu hören. Irgendwie ist er mir fremd vorgekommen. Mich hat erstaunt, wie unbeugsam er ist, fast schon fanatisch. Das war mir nie so klar. Meine Partner haben mir das damals in unserem Unternehmen vorgeworfen: ‚Denk doch auch mal an dich! Du willst wohl als Albert Schweitzer der New Economy in die Geschichte eingehen', haben sie gespottet. Ich habe das gar nicht so gesehen."

<small>Nicht Herr Schnell, der Helfer hat gehandelt</small>

Coach: „Sie waren da vermutlich auch wenig beteiligt. Der Helfer war am Steuer."
Herr Schnell: „Macht Sinn."
Coach: „Gibt es in Ihrer Familie jemanden, der ähnliche Werte vertritt?"
Herr Schnell: „Ja, mein Vater ist ein sehr sozial eingestellter Mensch. Er hätte am liebsten gesehen, wenn ich Sozialpädagoge geworden wäre wie er."

[handschriftliche Notiz: Bezug Persönlichkeitsanteil – Familiensystem]

Coach: „Ah ja, dann hat Ihr Helfer starke Wurzeln. Aber nun lassen Sie uns doch mal hören, was Ihr Pragmatiker dazu zu sagen hat. Einverstanden?"

Der Helfer hat starke Wurzeln

Paul Schnell stimmt zu und sucht einen Platz für die zweite Teilpersönlichkeit. Er geht in verschiedene Richtungen, um schließlich seitlich hinter dem Stuhl stehen zu bleiben. Seine Körperhaltung ist aufrechter als gewöhnlich, und er schaut den Coach direkt, fast ein wenig herausfordernd, an.

Coach: „Guten Tag!"
Pragmatiker: „Hallo!"
Coach: „Sie wissen ja, worum es geht. Herr Schnell befindet sich in einem Dilemma. Soll er bei seiner Entscheidung, ob er im Unternehmen bleibt, zuerst an die Mitarbeiter denken oder an sich selbst?"

Der Pragmatiker in Herrn Schnell ist genervt

Pragmatiker: „Mir geht dieser ständige Altruismus auf den Wecker. ‚Albert Schweitzer der Hightech-Branche', das trifft es. Das ist doch vollkommen unrealistisch. Der Junge soll endlich mal aufwachen und die Realität zur Kenntnis nehmen! Wir leben nicht in einem sozialistischen Paradies der Solidarität. Im Business gilt das Gesetz des Dschungels, ob ihm das passt oder nicht. Seine hehren Überzeugungen nützen ihm gar nichts. Wenn er nicht gefressen werden will, muss er mit den Wölfen heulen.
Was hat er denn gegen diese Vorstände? Die sind abgebrüht, o.k.! Aber sie wissen, wie sie ihre Schäfchen ins Trockene bringen – im Gegensatz zu ihm. Wissen Sie, wie er aus seinem eigenen Unternehmen ausgestiegen ist? Mit leeren Taschen! Und jetzt? Nichts hat er daraus gelernt! Er geht mit seinem Gehalt um, als sei es eine Lohntüte. Null strategisches Denken, keine Anlagen, nichts! Von seinen Vorstandskollegen könnte er sich mal eine Scheibe abschneiden. Die sind nicht so sentimental wie er. Sie wissen, auf welcher Seite ihr Brot gebuttert ist,

und machen was daraus. Moralische Bedenken – dass ich nicht lache! So läuft das Geschäft nun einmal. Wenn die es nicht machen, macht es ein anderer. Wenn ich das schon höre: ‚Die Firma geht kaputt.' Ja und? Jeden Tag gehen Tausende Firmen kaputt und noch mehr werden gegründet!"

Coach: „Das sind deutliche Worte! Herr Schnell hört uns ja zu. Welchen Tipp geben Sie ihm jetzt, ganz konkret?"

Pragmatiker: „Das hoffe ich sehr, dass er mir mal zuhört! Mein Tipp? Ganz einfach: Spiel das Spiel! Mach mit!"

Coach: „Ich danke Ihnen! Lassen Sie uns nun zu Herrn Schnell zurückkommen."

Paul Schnell verlässt den Platz des Pragmatikers und kehrt zu seinem Stuhl zurück. Als er sich setzt und zu sprechen beginnt, nimmt er wieder seine gewohnte Körperhaltung und Stimmlage ein.

Coach: „Was sagen Sie zu Ihrem Pragmatiker?"

Herr Schnell: „Was für ein Auftritt! Das hätte ich nicht gedacht, dass da jemand in mir mit solcher Vehemenz vom Leder zieht. Ich bin erstaunt, aber auch angenehm überrascht. In einigen Punkten hat er gar nicht so Unrecht. In letzter Zeit habe ich manchmal auch gedacht: ‚Das ist hier ein Dschungel, und darauf muss man sich einstellen.' Es stimmt ja, ich muss auch sehen, wo ich selbst bleibe! Trotzdem – das Verhalten unserer Vorstände kann ich auf gar keinen Fall billigen!"

Coach: „Veränderungen in uns deuten sich meist allmählich an. Sie denken neue Gedanken. Oder Sie träumen, wie Sie sich ganz anders verhalten als gewöhnlich. Diesen Prozess können wir mithilfe der Dialogarbeit bewusster gestalten. Sie haben jetzt einen direkteren Zugang zu diesen beiden gegensätzlichen Seiten. Ihre Entscheidung brauchen Sie ja nicht heute oder morgen zu treffen. Aber wenn Sie in nächster Zeit überlegen, was Sie tun wollen,

Herr Schnell lernt von seinem Pragmatiker

4. Aus der Coachingpraxis

nehmen Sie Kontakt zu diesen beiden inneren Personen auf und hören Sie ihnen zu! So erweitern Sie Ihre Wahlmöglichkeiten."

Herr Schnell: „Ja, das werde ich tun. Aber gibt es etwas, das mir hilft, dies im Alltag nicht gleich wieder zu vergessen?"

Coach: „Ja, ich möchte Ihnen noch einige Bilder geben, die Ihnen helfen können, Ihre eigene Position und die der Vorstände in einem anderen Licht zu betrachten."

Spiral Dynamics nach dem Graves-Modell

Der Coach erklärt Herrn Schnell das „Graves-Modell", benannt nach dem gleichnamigen amerikanischen Soziologen, das heute unter dem Namen *Spiral Dynamics* bekannt ist (vgl. Don Beck, Literaturverzeichnis).

Verhalten von anderen besser verstehen

Dieses Modell veranschaulicht in stark vereinfachter Form die Entwicklung menschlichen Bewusstseins und menschlicher Werte. Es hilft uns, ein Verhalten, das wir bei anderen Menschen stark ablehnen, besser zu verstehen und so den eigenen Standpunkt zu überprüfen.

Um das Modell zu verdeutlichen, befestigt der Coach farbige Pappen mit aufgedruckten Stichworten an einer Pinnwand.

1. Ordnung (vorpersönlich und persönlich)

- **Beige:** Grundbedürfnisse, Nahrung, Schutz: der Horden- und Höhlen-Mensch (reaktiv, animalistisch)
- **Purpur:** Identität im Stamm oder in der Familie: der frühe Ackerbau-Mensch (tribalistisch)
- **Rot:** Kontrolle und Macht über die Umgebung und gegnerische Gruppen: der Machtmensch (egozentrisch)
- **Blau:** Sicherheit, Stabilität und Gewissheit durch Autorität: Herrscher und Untertan (absolutistisch)
- **Orange:** individueller Ausdruck: der smarte Gewinner (materialistisch)

- **Grün:** Toleranz und Anpassung an multiple Sichtweisen: der tolerante Multi-Kulti (personalistisch)

2. Ordnung (überpersönlich)
- **Gelb:** Bewusstsein der Verbundenheit mit allen Menschen (existenziell, systemisch)
- **Türkis:** Einssein mit allem (kosmisch, integrativ)

Der Coach schildert, wie sich unser Weltbild und unser Bewusstsein aus vorgeschichtlicher Zeit bis heute entwickelt hat und wie jede neue Stufe (Farbe) die vorigen einschließt, während sie über ihre Begrenzungen hinausgeht. Die Farben dienen hier nur der Unterscheidung und haben keine besondere Bedeutung. Die einzelnen Stufen entsprechen nicht „Typen", sie klassifizieren nicht die Menschen. Vielmehr stellen sie Wertesysteme dar, die uns in unterschiedlicher Ausprägung zur Verfügung stehen. Sie werden deshalb auch „Meme" genannt, analog zu „Genen" auf einer mentalen Ebene. Ähnlich wie innere Teile sind uns manche näher und andere ferner.

Gene wie auch Meme bestimmen uns

Der Coach bittet Herrn Schnell, sich bequem zurückzulehnen und die Augen zu schließen. In einer Fantasiereise führt er ihn durch die wichtigsten Eigenschaften der verschiedenen Entwicklungsstufen (Meme) der ersten Ordnung.

Nachdem Herr Schnell aus der Entspannungsübung aufgetaucht ist, fragt der Coach ihn, bei welchen Memen er sich wohl gefühlt habe. Er nennt das grüne Mem der toleranten Multi-Kulti-Haltung und das purpurfarbene Mem der Identität in Sippe und Familie. Aversion empfand er dagegen beim roten Mem der egoistischen Machtausübung und dem orangefarbenen Mem der materialistisch-kapitalistischen Werte.

Herr Schnell ist ein Multi-Kulti

Anschließend wird Herr Schnell aufgefordert, die Memen-Ebene zu benennen, auf der er sich am meisten zu Hause fühle. Ohne zu zögern, wählt er das grüne Mem der Multi-Kulti-Werte.

Als Zweites soll er die entsprechende Memen-Stufe für die Vorstände in seinem jetzigen Unternehmen bestimmen. Auch hier entscheidet er sich schnell und wählt die rote egoistische Macht.

Coach: „Sie haben sich schnell entschieden, Herr Schnell!"
Herr Schnell: (*lacht*) „Ja, manchmal mache ich meinem Namen Ehre."

Die vorschnelle Einordnung wird überprüft

Coach: „Bitte schließen Sie noch einmal die Augen und stellen Sie sich auf die rote Entwicklungsstufe der egozentrischen Macht ein, den Platz eines Dschingis Khan, oder – eine Nummer kleiner in der heutigen Zeit – den Platz des Türstehers und Rausschmeißers in einer stark frequentierten Disco. Wie erleben Sie sich dort?"
Herr Schnell: „Furchtbar! Diese Haltung gefällt mir noch weniger als vorhin. Egoistisch, dumm, rücksichtslos, grob, protzig und sehr selbstgefällig!"
Coach: „Genau! Kommen Sie jetzt bitte wieder auf ‚neutralen Boden' und öffnen Sie Ihre Augen. Ist das die Haltung, in der Sie die Vorstände in Ihrem Unternehmen erleben? ‚Grob, protzig, rücksichtslos …'"
Herr Schnell: „Na ja, so eigentlich nicht. Etwas dezenter und kultivierter sind sie schon. Aber sie verhalten sich doch rücksichtslos!"
Coach: „Sicherlich, aber von einer anderen Basis aus. Welche Stufe könnte für ihre Haltung stimmen?"

Herr Schnell überlegt einige Augenblicke, schaut auf die Pinnwand und nennt das orangefarbene Mem der materialistischen Gewinnerhaltung.

4.3 „Dürfen die alles, nur weil sie Vorstände sind?"

Der Coach führt ihn in einer Visualisierung in diese Memen-Ebene, indem er die Eigenschaften dieser Stufe bildhaft beschreibt. Nach einer Weile fragt er Herrn Schnell, was er dort wahrnehme.

Herr Schnell: „Aha, das ist es! Hier fühle ich mich superclever. Ich bin der smarte Gewinner, cool und locker wie an der Goldküste Kaliforniens. Und für die Verlierer habe ich nur ein bedauerndes Lächeln übrig – und eine Spende für die Wohlfahrt, steuerabzugsfähig, versteht sich."

Coach: „O. k., verlassen Sie jetzt bitte wieder die orangefarbene Ebene der smarten Gewinner und stellen Sie sich auf eine neue Stufe ein. Sie gehen jetzt in die erste Ebene der zweiten Ordnung: das gelbe Mem der Verbundenheit mit allen Menschen. Sammeln Sie sich, so wie Sie es von der Aufstellungsarbeit kennen. Bringen Sie Ihre Aufmerksamkeit ins Hier und Jetzt. Spüren Sie, wie Sie sitzen, wie der Atem ganz ohne Ihr Zutun ein- und ausströmt. Hören Sie zugleich die Geräusche in der Umgebung.

Finden Sie nun den Platz in sich selbst, von dem aus Sie alle diese Entwicklungsstufen nicht bewerten, sondern sie einfach nehmen, wie sie sind. Schauen Sie sich das ganze Spektrum der ersten Ordnung an, alle Stufen mit ihren eigenen Errungenschaften und Begrenzungen: den Horden-Menschen, den frühen Ackerbau-Menschen, den primitiven Machtmenschen, den Herrscher und seine Untertanen, den smarten Gewinner und den Multi-Kulti. Öffnen Sie bitte die Augen, bleiben Sie gesammelt und schauen Sie einmal über das Farbspektrum der Karten vor Ihnen.

(Nachdem Herr Schnell einige Minuten ruhig und gesammelt den Blick über das Farbspektrum der Meme wandern ließ:)

Wie sehen Sie jetzt die Vorstände auf dem orangefarbenen Gewinner-Platz?"

In der Visualisierungsübung erkennt er die Werteebene der Vorstände

4. Aus der Coachingpraxis

Verständnis und Mitgefühl werden möglich

Herr Schnell: „Sehr viel gelassener. Mein Ärger ist verflogen. Ich sehe, wie kurzsichtig sie sich verhalten und wie arm sie im Grunde sind. Was bleibt ihnen denn nach ihrem großen Coup? Jeden Tag Golf am Pebble Beach, immer mit denselben gelangweilten, reichen Frührentnern.
Mir fällt auch die Sache mit dem Preis ein, den sie das kosten kann. Von hier aus betrachtet macht es wirklich Sinn, was Sie vorhin erwähnt haben. Wenn ich mir vorstelle, dass sie sich möglicherweise viel Leid und Unglück mit eingekauft haben, empfinde ich fast so etwas wie Mitgefühl."

Der Coach beendet hier die Übung und setzt sich mit Herrn Schnell zum Abschlussgespräch zusammen.
Coach: „Wie geht es Ihnen jetzt?"

Abschlussgespräch

Wahlmöglichkeiten

Herr Schnell: „Irgendwie bin ich ruhiger geworden. Mir ist so, als stände ich auf einem Aussichtspunkt und könnte weit in die Landschaft schauen. Diese Sicht auf die Entwicklung des Menschen hat mir gut getan. Ich kann gar nicht sagen, wie oder warum, aber da hat sich etwas in mir verändert. Mir ist klar geworden, dass die eine Stufe, auf der man gerade steht, eben nur eine Möglichkeit ist. Und ich bin froh, den Helfer und den Pragmatiker kennen gelernt zu haben. Die werde ich von nun an öfters interviewen."

Coach: „Gut, es freut mich, wie weit Sie mit dieser Übung für sich gekommen sind. Sie haben etwas sehr Wertvolles herausgefunden, etwas, worauf auch die Dialogarbeit abzielt. Sie haben gesehen: ‚Ich bin das alles. Ich bin nicht nur derjenige, für den ich mich bisher hielt.

„Ich bin das alles."

Ich bin sehr viel mehr – in beide Richtungen, nach unten und nach oben. Die Klarheit und das Mitgefühl sind Teil meiner selbst, aber auch das Egoistische, Rücksichtslose ist nicht nur bei anderen zu finden – es gehört auch zu

> mir. Ich muss mich nicht dafür verurteilen, kann es gelassener anschauen, mein Blick wird weiter und klarer.' Auf dieser Basis und mit der Zeit können gute Entscheidungen heranreifen."

Damit beendet der Coach die Sitzung.

Wichtige Aussagen

1) Durch Kennenlernen verschiedener Teilpersönlichkeiten in uns können wir Wahlmöglichkeiten und Handlungsalternativen entdecken. Dadurch werden wir gelassener und gehen entspannter mit kritischen Situationen um.
2) Auch extremes Verhalten wird aus seiner Evolutionsstufe und ihren Werten verständlich.

4.4 „Seine Arroganz ist nicht auszuhalten!"
Ein Coaching zum Umgang mit schwierigen Mitmenschen

Barbara Berg kennen Sie bereits aus dem Kapitel 2.4 (ab Seite 73). Acht Wochen nach ihrer Aufstellung ruft sie uns an, um einen Coachingtermin zu vereinbaren, denn nach ihrer Aufstellung sei ein neues Thema aufgetaucht.

Frau Berg berichtet, wie es ihr nach der Aufstellung ergangen ist: „Acht Wochen sind das jetzt her? Kommt mir länger vor! Die Aufstellung hat noch lange nachgewirkt!"
Coach: „Schön zu hören. War die Aufstellung damals nun so unangenehm, wie Sie befürchteten?"
Frau Berg: „Habe ich das damals gesagt? Nein! Durch meine Aufstellung, aber auch durch die der anderen, ist mir vieles bewusster geworden. Ich konnte sogar schon etwas

Frau Berg hat ihre Erkenntnisse bereits umgesetzt

umsetzen. Das Thema Würdigung ist mir lange nachgegangen. Andere zu würdigen fällt mir nicht gerade leicht. Das ist mir klar geworden! Aber wo kann man so etwas schon lernen? In der Schule oder Uni bestimmt nicht. Selbst in meiner Trainerausbildung habe ich davon nichts mitbekommen."

Coach: „Ja, das glaube ich Ihnen. Anerkennen und Würdigen ist allerdings ein wichtiges Thema in systemischen Fortbildungen. Aber berichten Sie doch! Sie sprachen davon, schon etwas umgesetzt zu haben?"

Sie hört auf zu kämpfen

Frau Berg: „Ja, aber Gott sei Dank ging es nicht wieder um Probleme mit einem Seminarteilnehmer. Es betraf eine Trainerkollegin. Mit ihr hatte ich von Anfang an Schwierigkeiten. Sie ist zwanzig Jahre älter als ich und ein ‚alter Hase' im Trainingsgeschäft. Ich hatte häufig das Gefühl, dass sie mich nicht ernst nimmt. Während der letzten Teamtagung war es für mich mit ihr wieder stressig. Als mir bewusst wurde, wie ich zum zigsten Mal darum kämpfte, von ihr anerkannt zu werden, hatte ich ein Aha-Erlebnis! Ich erinnerte mich an meine Aufstellung und sah noch einmal die beiden Stellvertreter vor mir, wie sie sich gegenseitig nicht wertschätzten. Da wurde mir plötzlich klar, dass ich mir besser als meine Kollegin vorkam – ich mit meinem Einser-Uniabschluss! Daraufhin erinnerte ich mich, wie Sie in einem anderen Zusammenhang bei einer Aufstellung ‚Frühere vor Späteren' sagten und dass es das zu würdigen gelte. Ich konnte plötzlich aufhören zu kämpfen! Und wissen Sie, was passierte: Sie hörte auch auf! Ich konnte es erst gar nicht glauben!"

Coach: „Das ist ein schönes Beispiel, wie systemische Prinzipien ganz praktisch umgesetzt werden können! Wenn die Reihenfolge akzeptiert ist, kann sich vielleicht sogar mehr entwickeln!"

Frau Berg: „Ganz bestimmt! Das habe ich auch vor. Von ihr könnte ich bestimmt einiges lernen!"

Coach: „O. k., dann kommen wir zu Ihrem heutigen Thema! Worum geht es?"

Das Problem: Umgang mit einem arroganten Kunden

Frau Berg: „Ich glaube, ich muss noch einmal auf Herrn P. *(siehe Kapitel 2.4)* zurückkommen. Ich sagte ja damals, dass er mir von Anfang an unsympathisch war."

Coach: „Daran kann ich mich erinnern."

Frau Berg: „Mir ist aufgefallen, dass ich des Öfteren mit Menschen wie ihm Probleme bekomme. Da fällt es mir sehr schwer, cool zu bleiben und meine Abneigung nicht zu zeigen."

Coach: „Gibt es einen aktuellen Anlass oder geht es noch um Herrn P.?"

Frau Berg: „Das mit Herrn P. habe ich ‚ad acta' gelegt. Die Lektion habe ich gelernt! Aber der Nächste ist schon aufgetaucht!"

Das nächste Problem taucht auf

Coach: „Befürchten Sie, in die gleiche Falle zu geraten?"

Frau Berg: „Ich weiß nicht! Ich habe die Befürchtung, durch mein Verhalten einen wichtigen Kontakt zu vermasseln."

Coach: „Worum geht es ?"

Frau Berg: „Es geht um Herrn Brandt, den Ansprechpartner für mein neues Projekt in einem Kundenunternehmen. Ich komme mit ihm nicht klar. Seine Arroganz ist für mich nicht auszuhalten! Natürlich bemühe ich mich, ihm meine Abneigung nicht zu zeigen. Das kostet mich aber viel Kraft. Es steht für mich einiges auf dem Spiel. Die nächste Pleite kann und will ich mir nicht erlauben! Nun möchte ich wissen, was ich tun kann, um diese Akquisition erfolgreich abzuschließen."

Coach: „Welche Rolle spielt Herr Brandt bei diesem Auftrag?"

Frau Berg: „Das Projekt steht und fällt mit ihm! Die fachliche Qualifikation habe ich für diesen Auftrag, aber die ‚Chemie' zwischen uns stimmt einfach nicht. Es wäre das erste Projekt, das ich selbstständig akquiriere und durchführe. Ich muss das schaffen!"

Frau Berg weiß nicht, wie sie reagieren soll

Coach: „Dann hängt für Sie also viel davon ab, ob wir eine Lösung finden?"

Frau Berg: *(nickt)* „Ich weiß nicht, woran es liegt, aber wenn ich Menschen erlebe, egal ob Mann oder Frau, die sich so wie er verhalten, bin ich völlig blockiert!"

Coach: „Da bleibt dann nicht mehr viel Energie für das sachliche Gespräch übrig. Und Ihre Gefühle zu unterdrücken …"

Frau Berg: *(unterbricht)* „Das schaffe ich auch nicht! Er spürt meine Abneigung. Ich werde bei jedem Gespräch mit ihm verkrampfter und empfinde ihn mir gegenüber immer arroganter. Ich weiß da einfach nicht mehr weiter!"

Coach: „Können Sie in einem Satz sagen, worum es Ihnen geht?"

Frau Berg: „Ich möchte mit Herrn Brandt gelassener umgehen, damit ich meinem Ziel, den Auftrag zu bekommen, nicht im Weg stehe. Ja, genau, darum geht es mir!"

Coach: „Lassen Sie mir etwas Zeit zu überlegen, wie wir Ihr Thema angehen.
(Nach einer Weile:) Ich möchte Ihnen folgende Vorgehensweise vorschlagen: Als Erstes werden wir beleuchten, was genau Sie an Herrn Brandt stört und welches Bild Sie von ihm haben. Wir können vermutlich davon ausgehen, dass auch er Sie nicht nur oder nicht mehr nur in einem positiven Licht sieht?"

Frau Berg: „Ja, davon kann man ausgehen *(herablassend)*. Er kann sich allerdings gut hinter seiner Arroganz verstecken!"

Arbeit mit dem Entwicklungsquadrat

Zwei Feindbilder – und die Folgen

Coach: „O. k., genau das werden wir jetzt beleuchten! Es sieht so aus, als wenn hier Feindbilder aufeinander treffen, stimmt's?
(Frau Berg nickt.) Der nächste Schritt wird sein herauszufinden, was Ihnen helfen könnte, gelassener mit ihm

4.4 „Seine Arroganz ist nicht auszuhalten!"

umzugehen. Ich werde diese Schritte am Flipchart visualisieren. Wir nennen diese Vorgehensweise ‚Arbeiten mit dem Entwicklungsquadrat'. Einverstanden?"

Frau Berg: „Hört sich vielversprechend an! Ich habe zwar nicht genau verstanden, was ich machen muss, aber ich bin bereit."

Coach: „Ich werde Ihnen jeden Schritt genau erklären. Es hört sich komplizierter an, als es ist. Fangen wir an! Zuerst möchte ich Sie bitten, sich bequem hinzusetzen und für einen Moment die Augen zu schließen. Stellen Sie sich Herrn Brandt vor, vielleicht denken Sie an Ihr letztes Gespräch mit ihm. Können Sie sich ihn vorstellen? *(Frau Berg nickt.)* Schauen Sie ihn genau an! Denken Sie an all die Eigenschaften, die Sie an ihm stören. Benennen Sie sie. Ich schreibe sie für Sie mit. *(Nachdem Frau Berg zögert:)* Ganz spontan und unsortiert! Nehmen Sie kein Blatt vor den Mund! Er kann Sie ja nicht hören!"

Das Entwicklungsquadrat hilft verstehen

Frau Berg beginnt aufzulisten. Sie findet zehn Eigenschaften, dann stockt ihr Redefluss.

Frau Berg: „Puh, das war gar nicht so leicht! Es hat aber gut getan. Eine richtige Schimpfkanonade! Aber was machen wir jetzt damit?"

Coach: „Bitte lassen Sie Ihre Augen noch einen Moment geschlossen. Ich lese Ihnen jetzt langsam alle Begriffe, die Sie gefunden haben, vor. Spüren Sie, was jedes Wort in Ihnen auslöst. Mit geschlossenen Augen tut man sich da leichter!
(Er liest ihr langsam die Eigenschaften vor.) Schauen Sie sich jetzt die Adjektive an. Unterstreichen Sie die drei Eigenschaften, die Sie am meisten an ihm ablehnen."

Frau Berg geht zielstrebig ans Flipchart und unterstreicht, ohne zu zögern:

4. Aus der Coachingpraxis

> ARROGANT
> DOMINANT
> EGOISTISCH

Das negative Fremdbild wird definiert

Frau Berg: „Ja, das sind die drei ‚Schwergewichte'!"

Coach: „Arrogant, dominant und egoistisch. Man könnte sagen, diese drei Begriffe charakterisieren seine Schattenseiten bzw. Ihre Schattensicht[1] von ihm! Im nächsten Schritt finden wir heraus, wie Sie sich selbst in Bezug zu diesen drei Eigenschaften sehen. Sie schildern Herrn Brandt als arrogant. Wie bezeichnen Sie sich selbst im Gegensatz dazu?"

Frau Berg: „Soll ich jetzt etwas Positives über mich sagen?"

Coach: „Sich selbst zu kritisieren, fällt uns meist leichter, als sich auf die Schulter zu klopfen. Aber jetzt geht es darum herauszufinden, welche Eigenschaften Sie für sich selbst als wertvoll empfinden im Gegensatz zu denen, die Sie bei Herrn Brandt ablehnen. Eigenschaften, von denen Sie sagen: ‚Ja, das ist ein wertvoller Teil von mir, so bin ich!'"

Frau Berg: „O. k., jetzt habe ich es verstanden. Dort, wo ich ihn als arrogant erlebe, wäre ich zurückhaltend oder bescheiden."

Das Gegenteil ist das positive Selbstbild

Coach: „Sind beide Begriffe für Sie gleichwertig positiv?"

Frau Berg überlegt und findet den Begriff „zurückhaltend" passender. Sie findet auch für die beiden anderen Begriffe einen Gegensatz.

Sie empfindet sich als

AUSGLEICHEND	im Gegensatz zu	DOMINANT
TEAMORIENTIERT	im Gegensatz zu	EGOISTISCH
ZURÜCKHALTEND	im Gegensatz zu	ARROGANT

---

[1] Mehr zum Entwicklungsquadrat siehe Horn/Brick: *Das verborgene Netzwerk der Macht*, Seite 175 ff.

4.4 „Seine Arroganz ist nicht auszuhalten!"

Der Coach visualisiert die drei gefundenen Gegensatzpaare am Flipchart.

Coach: „Als Nächstes geht es darum herauszufinden, wie Herr Brandt Sie wahrscheinlich erlebt. Wenn auch er ein Problem mit Ihnen hat, können Sie davon ausgehen, dass er die Eigenschaften, die Sie für sich selbst gefunden haben (zurückhaltend, ausgleichend und teamorientiert), nicht so positiv beschreiben würde. Sie können den entsprechenden Begriff finden, indem Sie Ihre Eigenschaften übertreiben. Also wie wird er Sie erleben? *(Als Frau Berg zögert:)* Wie wirkt Ihre Zurückhaltung auf ihn, wenn er sie negativ bewertete?"

Frau Berg: „Das würde er als Durchsetzungsschwäche sehen. Klar, so sieht er mich garantiert – durchsetzungsschwach!"

Wie sieht sie sein negatives Fremdbild?

| Sie findet für | AUSGLEICHEND | die negative Variante | WISCHI-WASCHI |
| und für | TEAMORIENTIERT | | HARMONIEBEDÜRFTIG. |

Coach: „Was sagen Sie dazu?"

Frau Berg: „Wenn wir uns beide so sehen, kann ja nichts Konstruktives dabei herauskommen! Wie gehen wir da jetzt weiter? Das ist doch noch nicht die Lösung?"

Coach: „Nein, jetzt kommt der schwierigste Teil! Höchstwahrscheinlich wird Herr Brandt sich selbst nicht so sehen, wie Sie ihn charakterisieren. Wie wird er sich selbst beschreiben in Bezug auf die drei Eigenschaften, die Sie für ihn gefunden haben? Was ist die positive Seite von ‚arrogant, dominant, egoistisch'?"

Der schwierigste Schritt

Frau Berg schüttelt den Kopf. „Tut mir Leid, da kann ich nun wirklich nichts Positives finden. Was soll an Arroganz positiv sein?"

4. Aus der Coachingpraxis

Der Coach erwidert, dass es natürlich schwer falle, für abgelehnte oder negativ empfundene Eigenschaften eine positive Beschreibung zu finden. Fiele ihr das leicht, hätte sie kein Problem mit ihm! Er hilft ihr, die entsprechenden Begriffe zu finden.

Sie entscheidet sich für:

> SELBSTBEWUSST als positive Variante von ARROGANT,
> für FÜHRUNGSSTARK statt DOMINANT
> und ZIELORIENTIERT anstelle von EGOISTISCH.

Hier das Entwicklungsquadrat im Ganzen:

Entwicklungsquadrat

Coach: „Wenn Sie sich die Grafik anschauen, was fällt Ihnen auf?"

Der andere lebt, was ihr fehlt

Frau Berg: „Wenn ich die Seite unten rechts betrachte *(selbstbewusst, führungsstark, zielorientiert)*, fällt mir auf, dass ich von diesen Eigenschaften eine ‚gute Portion' vertragen könnte."

Coach: „Genau! Nur dass Sie Ihnen nicht wirklich fehlen! Sie haben sie nur noch nicht zur Verfügung. Diese Eigenschaften können aber, ohne dass Sie Ihre zurückhaltende und ausgleichende Art sowie Ihre Teamorientierung verlieren, zu Ressourcen werden. So haben Sie beides.
Sie sind teamorientiert, können aber, wenn es die Situation erfordert, auch Führungsstärke zeigen. Damit haben Sie Wahlmöglichkeiten gewonnen! Das große Plus: Sie müssen Menschen, die sich verhalten wie Herr Brandt, nicht mehr ablehnen, weil sich Ihre Perspektive verändert hat. Auch wenn Herr Brandt dadurch nicht automatisch sympathisch für Sie wird, reduzieren Sie mit dieser neuen Betrachtungsweise die Spannung. So können Sie sachlich Ihr Gespräch führen, ohne durch eine gestörte Beziehungsebene blockiert zu sein. Wenn Sie ihn mit seinen Eigenschaften respektieren, wird auch er Sie ernst nehmen. Die Angriffsfläche entfällt!"

Der Coach erläutert ihr den theoretischen Hintergrund und erklärt, warum wir bestimmte Werte leben und warum uns andere nicht zur Verfügung stehen bzw. im Außen verurteilt werden.

Frau Berg: „Wenn ich Sie richtig verstanden habe, lehne ich Eigenschaften, die ich aus bestimmten Gründen in meiner Vergangenheit nicht leben durfte, bei anderen Menschen ab. Diese Eigenschaften könnten aber Ressourcen für mich sein! Richtig?"

Coach: „Ganz genau! Ich möchte noch einen Schritt für Sie anfügen. Sie haben jetzt erfahren, wie die ursprünglich von Ihnen abgelehnten Eigenschaften Herrn Brandts für Sie Träger von Ressourcen sein können. Natürlich stehen Ihnen diese Eigenschaften dadurch nicht automatisch zur Verfügung! Aber der erste Schritt wäre getan. Jetzt

Von der Verurteilung im Außen zur Ressource im Innern

4. Aus der Coachingpraxis

können wir ganz praktisch ausprobieren, was genau sich im Gespräch mit Herrn Brandt ändern würde, wenn Sie diese Ressource schon zur Verfügung hätten. Macht das Sinn für Sie?"

Frau Berg: „Ja, das würde mich sehr interessieren!"

Coach: „Wenn Sie an Ihre Gespräche mit ihm denken: Welche der Eigenschaften links oben im Entwicklungsquadrat *(zurückhaltend, ausgleichend, teamorientiert)* war maßgeblich an den Gesprächen beteiligt?"

Frau Berg: „Alle drei! Wenn ich mir diese drei Begriffe noch einmal anschaue, da kann ich wirklich sagen: ‚So bin ich!'"

Coach: „Aha. Inzwischen haben Sie jedoch mithilfe des Entwicklungsquadrates verstanden, dass Herr Brandt gerade diese Eigenschaften in der positiven Form bei Ihnen nicht würdigen kann. Er sieht, genau wie Sie bei ihm, nur die Schattenseiten *(durchsetzungsschwach, wischi-waschi, harmoniebedürftig)*. Genau darauf reagiert er, wie Sie auch auf seine Schattenseiten reagiert haben."

Frau Berg: „Dann wären umgekehrt für Herrn Brandt Zurückhaltung, Konsensorientierung und Teamorientierung mögliche Ressourcen?" *(Der Coach bestätigt.)*

Die konkrete Arbeit mit den Ressourcen Als er sie fragt, welche Grundhaltung diese drei Begiffe ausdrückten, antwortet sie spontan: „Ein Vermittler! Jemand, der zuerst auf die anderen schaut."

Coach: „Nennen wir diesen Teil in Ihnen den ‚Vermittler' oder ‚Vermittler*in*'? *(Sie betont: ‚Vermittler'.)* Jetzt erinnern Sie sich an die drei Ressourcen, die wir für Sie gefunden haben *(selbstbewusst, führungsstark, zielorientiert)*. Wenn Sie an das nächste Gespräch mit Herrn Brandt denken: Welche Eigenschaft wäre Ihnen da von Nutzen?"

Aufstellung von Teilpersönlichkeiten

Frau Berg: *(lacht)* „Am besten alle drei! Aber ‚selbstbewusst' umfasst es eigentlich." Sie nennt diese Ressource „die Selbstbewusste."

Der Coach bittet Frau Berg, farbige Pappen für sich selbst, den ‚Vermittler' in ihr, die ‚Selbstbewusste' und eine Karte für Herrn Brandt auszuwählen. Die Karten sind so groß, dass sie bequem darauf stehen kann. Eine Einkerbung zeigt die Blickrichtung an.

Eine Aufstellung innerer Teile

Sie legt als Erstes ihre eigene Karte im Raum auf den Boden. Nachdem der Coach sie fragt, wo der richtige Platz für die Karte ‚Vermittler' wäre, zeigt sie auf einen Platz sehr nahe rechts neben ihrer eigenen Karte. Der Coach legt jetzt die Karte von Herrn Brandt ihr genau gegenüber. Er bittet sie, zuerst auf ihrer eigenen Karte zu stehen und ihren inneren ‚Vermittler' zu spüren.

„Das ist mir zu eng, der bedrängt mich richtig!"

Nachdem sie diesen Platz wieder verlassen hat, stellt sie sich auf die Karte ihres ‚Vermittlers'.

In der Aufstellung erlebt sie einen übermächtigen inneren Teil

Coach: „Wie geht es Ihnen dort?"

Frau Berg: „Groß, mächtig! Ich muss sie beschützen. Mich braucht sie!" *(zeigt auf die Karte von Frau Berg)*

Nachdem sie auch diese Karte wieder verlassen hat, bittet der Coach sie auf ihren eigenen Platz.

Coach: „Stellen Sie sich vor, Herr Brandt stände vor Ihnen. Lassen Sie in meiner Hand ein Bild von ihm auftauchen. *(Der Coach hält seinen ausgestreckten Arm in einiger*

4. Aus der Coachingpraxis

Entfernung von ihr in Augenhöhe, die Innenfläche seiner Hand dient als Projektionsfläche.) Können Sie ihn sehen? *(Sie nickt nach einiger Zeit.)* Wie schaut er Sie an?"

Frau Berg: „Nicht mehr so arrogant wie sonst! Er schaut sogar ein bisschen freundlich."

Coach: „Spüren Sie Ihren ‚Vermittler' neben sich und sagen Sie Herrn Brandt: ‚Ich bin die Richtige für dieses Projekt!'

Sie spricht den Satz mit bittender Stimme nach.

Coach: „Wie reagiert Herr Brandt?"
Frau Berg: *(resigniert den Kopf schüttelnd)* „Er reagiert überhaupt nicht! Als wenn ich gegen eine Wand rede."

1. Bild

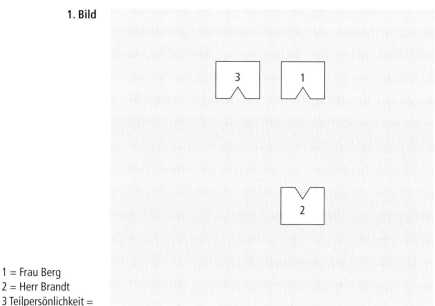

1 = Frau Berg
2 = Herr Brandt
3 Teilpersönlichkeit =
Der Vermittler

Coach: „Genau! Sie senden nicht auf seiner Wellenlänge! Ich möchte etwas ausprobieren. Stellen Sie sich vor, Ihre Ressource ‚Selbstbewusstsein' stände Ihnen zur Verfügung und wäre beim Gespräch mit Herrn Brandt dabei. Wie wäre das?"

Frau Berg: „Ich glaube, unser Gespräch würde ziemlich anders verlaufen!"

Coach: „Was sich verändern würde, können wir testen. Stellen Sie sich vor, diese Ressource wäre nicht in Ihnen, sondern hier im Raum. Wo müsste sie sein, damit Sie helfen könnte, das Gespräch mit ihm erfolgreich zu führen?"

Die Wirkung des inneren Vermittlers nach außen wird geprüft

Spontan zeigt Frau Berg hinter sich. Der Coach legt die Karte hinter Frau Berg auf den Boden. Er fragt sie, was sich verändert habe.

Frau Berg: „Mein Stand ist fester, und ich fühle mich insgesamt kraftvoller. *(Zeigt auf die Karte des ‚Vermittlers':)* Jetzt, wo sie da ist *(zeigt hinter sich)*, fühle ich mich nicht mehr so bedrängt von ihm."

Coach: „Indem Sie in Verbindung mit beiden, dem ‚Vermittler' in Ihnen und der ‚Selbstbewussten' bleiben, schauen Sie erneut Herrn Brandt an. Wiederholen Sie noch einmal den Satz: ‚Ich bin die Richtige für dieses Projekt!'"

Die Stimme von Frau Berg wirkt nun kraftvoll und überzeugend.

Mit der neuen Ressource gewinnt Frau Berg an Überzeugungskraft

Coach: „Wie schaut Herr Brandt Sie jetzt an?"
Frau Berg: „Ich kann es kaum glauben, er wirkt interessiert!"

4. Aus der Coachingpraxis

2. Bild

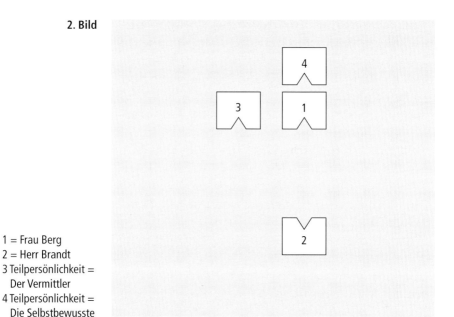

1 = Frau Berg
2 = Herr Brandt
3 Teilpersönlichkeit =
   Der Vermittler
4 Teilpersönlichkeit =
   Die Selbstbewusste

Nachgespräch

Coach: „Wie geht es Ihnen?"

Frau Berg: „Ich bin erstaunt, wie sich meine Sichtweise in diesen zwei Stunden verändert hat. Ich hätte nicht geglaubt, dass diese Ressourcenarbeit so wirksam ist. Danke!
Können Sie mir noch einen Tipp geben, wie ich bei meinem nächsten Gespräch mit Herrn Brandt den gleichen Erfolg habe wie hier in der Übung? Gibt es da noch etwas, was ich von mir aus tun kann?"

Tipps zur praktischen Umsetzung

Coach: „Erinnern Sie sich an Ihre Erfahrung in diesem Coaching und lassen Sie sie wirken. Sie werden merken, dass Menschen, die Sie als arrogant bezeichnen, Sie nicht mehr aus dem Gleichgewicht bringen, wenn Sie die neue Ressource verankern.
Sie haben ja gesehen, was sich verändert, wenn Sie auch eine selbstbewusste Seite zur Verfügung haben. Mit die-

sem Bild gehen Sie in Ihr nächstes Gespräch mit Herrn Brandt. Nehmen Sie beide mit – die Selbstbewusste und den Vermittler. Sie brauchen beide!

Ausgleich braucht Zeit

Lassen Sie sich Zeit! Viele Jahre war Ihr innerer ‚Vermittler' am Ruder! Der lässt sich nicht so einfach beiseite drängen. Eine gute Ergänzung wäre eine Voice-Dialogue-Sitzung. Dort können wir mit beiden Teilen direkt sprechen und so ihre Absichten und Befürchtungen herausfinden. Ein stabileres Gleichgewicht zwischen der neuen Ressource und dem Teil, der Sie schon so lange begleitet, kann sich auf diese Weise allmählich entwickeln. Manchmal muss man auch das Einverständnis einer Person aus dem Familiensystem, häufig Vater oder Mutter, einholen, damit die neue Kraft wachsen kann. Damit ist natürlich nicht gemeint, dass Sie Ihre Eltern wirklich fragen. Es handelt sich um einen inneren Prozess, der z. B. in einer Familienaufstellung mit oder ohne Stellvertreter stattfinden kann.

Aber erst einmal würde ich an Ihrer Stelle das Neue verdauen! Sonst gibt es leicht Blähungen!"

Zum Abschluss hilft der Coach mit einer NLP-Technik, beide Eigenschaften körperlich zu verankern, so dass die Klientin bei Bedarf die Ressource aktivieren kann.

Wichtige Aussagen

> **Eigenschaften, die wir bei anderen Menschen ablehnen, sind häufig solche, die wir in der Vergangenheit nicht leben durften. Sie stehen uns als Ressource zur Verfügung, wenn wir lernen, sie zu entfalten.**

5. Übungen für Sie

Die Tun-Sein-Übung

Diese Übung ist ein Werkzeug für das „innere Management" bzw. für das Management des Mikrosystems, des „inneren Teams". Die Teilpersönlichkeiten, aus denen sich unser inneres Team zusammensetzt, organisieren sich auf eine bestimmte Weise. Ähnlich wie Menschen in einem Unternehmen schließen sie sich mit Gleichgesinnten zusammen. Als Gruppe konkurrieren sie mit anderen, die unterschiedliche Interessen, Ansichten und Lebenseinstellungen haben, um den Vorrang; sie bilden „Lobbys".

Teilpersönlichkeiten des „Tuns" Eine starke Interessengruppe bilden in den inneren Teams der meisten Menschen in unserem Kulturkreis alle Teilpersönlichkeiten, die auf das „Tun" orientiert sind. Ihnen ist es wichtig, Dinge anzupacken und in Bewegung zu bringen. „Macher", „Antreiber" und „Tatmensch" sind Beschreibungen, die auf einige Mitglieder dieser Lobby zutreffen. Obwohl sie ständig ein Ziel vor sich sehen, bringen sie nicht immer zu Ende, was sie voller Elan in die Hand nehmen. Ihr Beitrag ist Energie und Bewegung, nicht unbedingt auch Effektivität. Planung und Vorbereitung sind ihnen fast ebenso ein Gräuel wie Warten und Untätigkeit. Zeit ist für sie ein knappes Gut. Mit schnellem Blick auf die Uhr rufen sie uns zu: „Genug geredet, los geht's!"

Teilpersönlichkeiten des „Seins" Ihren Gegenpart bildet die Fraktion „Sein". Für die Mitglieder dieser Lobby spielt Zeit eine untergeordnete Rolle. Sie befinden sich auf der entspannteren Seite des Lebens und sind nicht auf zukünftige Ziele, sondern auf den gegenwärtigen Augenblick ausgerichtet. Unter ihnen gibt es Genießer, die noch den letzten Sonnenstrahl auskosten oder mit Kennermiene behaglich einen guten Wein goutieren. Andere sind mehr auf der tiefsinnigen Seite angesiedelt und suchen Kontemplation und Meditation. Im Alltag treffen wir sie, wenn wir Menschen erleben, die uns zuhören, ohne ständig auf die Uhr zu schauen oder schon eine Erwiderung auf den Lippen zu haben, bevor wir überhaupt einen Satz zu Ende gesprochen haben. Ergänzt werden sie durch einfachere Gemüter, die sich wie Kinder an einem Spiel, einem lustigen Beisammensein mit Freunden freuen oder stundenlang mit ihrem Hund durch die Wälder streifen und die Zeit vergessen können.

Beide Seiten, beide „Lobbys", sind für uns wichtig. Ohne „Sein" wird „Tun" zum blinden Aktionismus. Ohne „Tun" verliert sich „Sein" in weltfremden Gefilden oder in Lethargie.

Beide Seiten sind notwendig

> Durch eine Balance von Ruhe und Aktion entsteht Dynamik, die hilft, den Alltag stressarm zu meistern und unsere Ziele auf eine entspanntere Art zu erreichen.

In der folgenden Übung können Sie lernen, beiden Seiten den Raum zu geben, den Sie für ein inneres Gleichgewicht benötigen.

Die Übung können Sie allein oder mit einem Partner durchführen. Sie benötigen dafür ca. zehn Minuten und einen Ort, an dem Sie nicht gestört werden.

5. Übungen für Sie

Übung ohne Partner

Nehmen Sie auf einem Stuhl Platz. Entscheiden Sie, auf welcher Seite (rechts oder links) von Ihnen sich Ihre Tun- bzw. Sein-Seite befindet.

Nonverbal

Erster Schritt:
1. Bewegen Sie sich mit Ihrem Stuhl auf die Tun-Seite.
2. Konzentrieren Sie sich auf Ihren Hinterkopf. Spüren Sie, wie sich Ihr Befinden verändert. Bleiben Sie so lange in der Position, bis Sie eine Veränderung spüren können. (Durch Konzentrieren auf den Hinterkopf können Sie bewusst wahrnehmen, wie es Ihnen geht, wenn Ihr innerer Antreiber Sie zum Tun und Machen anfeuert.)
3. Rutschen Sie mit Ihrem Stuhl wieder in die neutrale Position und richten Sie Ihre Aufmerksamkeit auf Ihren gesamten Körper. Was hat sich verändert?
4. Bewegen Sie sich dann mit Ihrem Stuhl auf die Sein-Seite.
5. Konzentrieren Sie sich auf einen Punkt unterhalb des Nabels. Spüren Sie die Veränderung. Hier kann es ein wenig dauern, bis sich die Veränderung zeigt.
6. Gehen Sie wieder zurück und nehmen Sie vom neutralen Platz beide Seiten, Tun und Sein, wahr.

Verbal

Zweiter Schritt:
1. Bewegen Sie sich mit Ihrem Stuhl auf die Tun-Seite.
2. Denken Sie an alle unerledigten Dinge des Tages. Was müssten Sie beispielsweise eigentlich in diesen zehn Minuten tun, die Sie sich für diese Übung Zeit nehmen? Drehen Sie Ihren inneren Antreiber richtig auf, führen Sie mit ihm einen inneren Dialog und spüren Sie die Veränderung!
3. Rutschen Sie mit Ihrem Stuhl wieder in die neutrale Position und lassen Sie den Antreiber zur Ruhe kommen.
4. Gehen Sie dann mit Ihrem Stuhl auf die Sein-Seite.
5. Konzentrieren Sie sich auf einen Punkt unterhalb des Nabels. Schicken Sie Ihren Atem bis in den Bauch und fühlen

Sie sich wie ein Fels in der Brandung. Führen Sie auch hier einen inneren Dialog und spüren Sie die Veränderung.
6. Gehen Sie wieder zurück und nehmen Sie vom neutralen Platz beide Seiten, Tun und Sein, wahr.

Übung mit Partner
Entscheiden Sie sich für eine Gesprächssituation: **Situation wählen**
- Kunde – Verkäufer: Verkaufsgespräch
- Chef – Mitarbeiter: Mitarbeitergespräch
- Klient – Berater: Beratungsgespräch
- oder eine andere für Sie passende Gesprächssituation

1. Setzen Sie sich Ihrem Partner gegenüber.
2. Bestimmen Sie, wer welche Rolle übernimmt und wer von Ihnen zuerst den aktiven Part übernimmt, wer der Zuhörer ist.
3. Entscheiden Sie gemeinsam, auf welcher Seite (rechts oder links) von Ihnen sich die Tun- bzw. Sein-Seite befindet.
4. Bewegen Sie sich beide mit Ihrem Stuhl auf die *Tun*-Seite.
5. *Der aktive Gesprächspartner:* Aktivieren Sie jetzt hundertfünfzigprozentig Ihren inneren Antreiber! Überfluten Sie Ihren Partner mit Ihrer Antreiber-Tun-Energie! Sie wollen überzeugen! Spüren Sie, wie Sie sich dabei fühlen, und achten Sie auf die nonverbalen und verbalen Reaktionen Ihres Partners.
Der Zuhörer: Lassen Sie sich von Ihrem Partner mit seiner Tun-Energie überfluten! Spüren Sie, wie es Ihnen dabei geht.
6. Tauschen Sie jetzt die Rollen und wiederholen Sie Punkt 5.
7. Bewegen Sie sich wieder mit Ihrem Stuhl in die neutrale Position und nehmen Sie die Veränderung wahr.
8. Gehen Sie dann gemeinsam mit Ihrem Partner auf die *Sein*-Seite.
Der aktive Gesprächspartner: Konzentrieren Sie sich auf einen Punkt unterhalb des Nabels. Atmen Sie tief in den Bauch. Beginnen Sie dann wieder das Gespräch mit Ihrem Partner. Nehmen Sie die Veränderung wahr!
Der Zuhörer: Spüren Sie die Veränderung.

> 9. Tauschen Sie jetzt die Rollen und wiederholen Sie Punkt 8.
> 10. Gehen Sie wieder zurück und nehmen Sie vom neutralen Platz beide Seiten, Tun und Sein, wahr.

Die persönliche und die unpersönliche Seite

Eine weitere Fraktionierung des inneren Teams zeigt sich in Werten und Kommunikationsstilen. Wo die persönliche Seite herzlich, offen, kontaktfreudig auf andere zugeht, hält sich die unpersönliche eher freundlich bedeckt. Verständlich, dass die persönlich orientierten Teammitglieder alles Unpersönliche für steif, unterkühlt und langweilig halten.

Beide Seiten würdigen und richtig einsetzen

Die unpersönliche Fraktion dagegen tituliert die persönliche als gefühlsduselig, distanzlos und etwas plump. Lernen wir, beide Seiten zu würdigen, so können wir sie dort zum Einsatz bringen, wo sie ihre jeweiligen Stärken haben: Für eine geschäftliche Verhandlung ist die unpersönliche Seite angemessen. Auf der fröhlichen Party am Abend macht sie sich dagegen eher unbeliebt. Hier schlägt die Stunde des spontanen persönlichen Kontakts.

In einem Mitarbeitergespräch kann es Wunder wirken, wenn Sie eine persönliche Seite zur Verfügung haben. Jedoch kann sie Sie in einem Konfliktgespräch nicht vor Verletzungen schützen, hier ist wieder die unpersönliche Seite gefragt.

Erforschen Sie mit dieser Übung Ihre ‚Schokoladenseite'!

> **Die Übung**
>
> Für diese Übung benötigen Sie einen Partner. Sie dauert circa 15 – 20 Minuten.
>
> 1. Überlegen Sie sich ein gemeinsames Gesprächsthema. Es sollte nicht zu „trocken" sein.
> 2. Entscheiden Sie, wer von Ihnen zuerst die persönliche und wer die unpersönliche Seite übernimmt. Persönlich: offen – herzlich – kontaktfreudig – verletzt – verletzend – aggressiv – wütend – zurückgezogen
> Unpersönlich: sachlich – informativ – geschäftlich-freundlich – kalt – abweisend – verschlossen – zynisch
> 3. Setzen Sie sich einander gegenüber.
> 4. Sprechen Sie jetzt *gemeinsam* über Ihr Thema in einer sehr persönlichen Art und Weise. Wie erleben Sie die Atmosphäre?
> 5. Machen Sie jetzt *beide* eine 180-Grad-Kehrtwendung. Unterhalten Sie sich jetzt beide über dasselbe Thema in einer sehr *unpersönlichen* Art. Was verändert sich?
> 6. Bleiben Sie bei diesem Thema. Einer von Ihnen führt jetzt das Gespräch sehr persönlich, der andere unpersönlich.
> 7. Tauschen Sie die Rollen!

Arbeiten mit dem Entwicklungsquadrat

Wir alle haben unseren blinden Fleck. Aber wo versteckt er sich? In der Selbstbetrachtung ist er kaum zu finden. Sobald aber ein schwieriger Zeitgenosse die Bildfläche betritt, verstellt er uns als sprichwörtlicher Balken im eigenen Auge den Blick. Wir erkennen nur noch das Unangenehme im Gegenüber und sind mit Bewertungen meist schnell bei der Hand, besonders, wenn es auch noch in der Macht des anderen steht, uns Unannehmlichkeiten zu bereiten oder den Zugang zu Zielen zu erschweren.

Der blinde Fleck

5. Übungen für Sie

Die folgende Übung bietet eine Unterstützung für den Umgang mit schwierigen Mitmenschen an. Gleichzeitig verhilft sie zur Selbsterkenntnis, und zwar genau dort, wo sich der eigene blinde Fleck verbirgt.

Nach dieser Übung sind Sie um eine weitere, nützliche Erkenntnis reicher:

> **Schwierige Chefs, Mitarbeiter, Nachbarn, Kinder usw. sind kostenlose Trainer! Statt uns über sie zu ärgern, sollten wir ihnen dankbar sein, denn sie spielen uns den Ball genau dorthin, wo wir ihn noch nicht erreichen.**

Wenn wir sie in ihrer Art anerkennen können, ist das Trainingsziel erreicht.

Die Übung

Diese Übung können Sie ohne Partner durchführen. Sie dauert ungefähr eine halbe Stunde.

1. Setzen Sie sich bequem hin. Denken Sie an eine Person (aus Beruf, Privatleben oder aus dem öffentlichen Leben), die Ihnen wirklich „stinkt". Also jemand, den oder an dem Sie bestimmte Eigenschaften absolut nicht ausstehen können. Vielleicht schließen Sie dabei die Augen. Haben Sie so jemanden gefunden? O.k., dann geht es weiter!
2. Fragen Sie sich: Welche Eigenschaften sind es genau, die mich stören? Hören Sie hin und listen Sie auf!

Liste der negativen Eigenschaften:

1	2
3	4
5	6
7	8
9	10
11	12
13	14
15	16
17	18
19	20

Finden Sie so viele Eigenschaften wie möglich! Seien Sie dabei nicht zimperlich! Der/die andere kann Sie ja weder hören noch sehen!

3. Lesen Sie sich nun langsam alle Eigenschaften laut vor. Spüren Sie bei jedem Adjektiv, was es in Ihnen auslöst.
4. Unterstreichen Sie die drei negativsten Begriffe, und listen Sie sie in der linken Spalte der Tabelle auf.

Die drei negativsten Eigenschaften	So sehe ich mich im Gegensatz dazu
1	1
2	2
3	3

5. Übungen für Sie

Die Schattenseite sehen

5. Nun wird es etwas schwieriger! Finden Sie heraus, wie Sie sich im Gegensatz zu diesen drei Eigenschaften sehen! Ja, Sie haben richtig gelesen! Finden Sie positive Eigenschaften, von denen Sie sagen können: „Ja, das bin ich, das ist ein Teil von mir!"
Zum Beispiel haben Sie für den anderen die Eigenschaft „starr" gefunden. Fragen Sie sich: Wenn ich ihn als starr empfinde, wie würde ich mich verhalten? Ein mögliche Antwort wäre „flexibel". Tragen Sie diese positiven Eigenschaften in die rechte Spalte der Tabelle auf Seite 167 ein.

6. Übertragen Sie nun beide Spalten in das folgende Entwicklungsquadrat. Die Spalte mit den drei negativen Eigenschaften des anderen übertragen Sie in das Kästchen oben rechts „So sehe ich den anderen". Ihre gefundenen drei positiven Eigenschaften für sich selbst, übertragen Sie in das Kästchen oben links „So sehe ich mich selbst."

7. Wenn Sie sich vorstellen, dass der andere auch mit Ihnen ein Problem hat, wie würde er Sie sehen? Vermutlich sieht er Sie nicht im positiven Sinn als flexibel. Er würde wohl eher Ihre Schattenseite sehen, Sie vielleicht als oberflächlich bezeichnen. Finden Sie nun selber zu den drei positiven Begriffen, die Sie links oben eingetragen haben, die negativen Varianten und tragen Sie sie in das Kästchen links unten ein.

8. Nun kommt der letzte und schwerste Schritt! Sie haben jetzt erfahren, dass jede Eigenschaft eine positive (Lichtseite) und eine negative (Schattenseite) Seite hat. Es kommt auf die Betrachtungsweise an! Sie ahnen schon, auf was es hinausläuft? Natürlich wird der andere, an dem Sie bestimmte Eigenschaften ablehnen, sich selbst nicht so sehen. Was wäre denn in unserem Beispiel die positive Variante von „starr"?
Er würde sich vielleicht als „berechenbar" oder „konservativ" im guten Sinn verstehen. Kehren Sie nun, wie in unserem Beispiel, die drei negativen Eigenschaften des anderen um und schreiben Sie sie in das Kästchen unten rechts. Sie sagen: „Das ist unmöglich! Da kann ich nichts Positives finden!"

Arbeiten mit dem Entwicklungsquadrat

Je schwerer dieser Schritt Ihnen fällt, desto größer ist die Wahrscheinlichkeit, mit den gefundenen Eigenschaften eine wertvolle Ressource entdeckt zu haben!

So sehe ich mich selbst (meine positive Seite)	So sehe ich den anderen (die negative Seite des anderen)
1.	1.
2.	2.
3.	3.

Das Entwicklungsquadrat

Entwicklungsweg ↘

So sieht der andere mich (meine negative Seite)	So sieht der andere sich selbst (seine positive Seite)
1.	1.
2.	2.
3.	3.

Beispiel

So sehe ich mich selbst (meine positive Seite)	So sehe ich den anderen (die negative Seite des anderen)
flexibel	starr

Entwicklungsweg ↘

So sieht der andere mich (meine negative Seite)	So sieht der andere sich selbst (seine positive Seite)
oberflächlich	berechenbar

Ressource!

5. Übungen für Sie

Flexibel sein ist gut, berechenbar sein ist gut – eine Wahl zu haben ist besser!

Wenn Sie mit der gefundenen Ressource noch weiterarbeiten möchten:

1. Welche der drei Eigenschaften (im Entwicklungsquadrat das Kästchen rechts unten) kann ich in meiner momentanen Lebenssituation gut als Ressource gebrauchen?
Listen Sie auf:

_____

_____

2. In welchen Bereichen wäre sie mir besonders nützlich? Was wäre anders?
Listen Sie auf:

_____

_____

3. Wer in mir (Teilpersönlichkeit) oder im Außen (Partner, Kollegen, Eltern) wären mit dieser Entwicklung nicht einverstanden? Vermuten Sie!
Listen Sie auf:

_____

_____

4. Wer in mir (Teilpersönlichkeit) oder im Außen (Partner, Kollegen, Eltern) könnte mich bei dieser Entwicklung unterstützen? Vermuten Sie!
Listen Sie auf:

_____

_____

Literaturverzeichnis

Beck, Don Edward / Cowan, Christopher C.: *Spiral Dynamics: Mastering Values, Leadership, and Change.* Oxford 1996

Erb, Kristine: *Die Ordnungen des Erfolgs. Einführung in die Organisationsaufstellung.* München 2001

Grochowiak, K. / Castella. J. / Klein, P.: *Systemdynamische Organisationsberatung.* Heidelberg 2000

Hellinger, B. / ten Hövel, G.: *Anerkennen, was ist.* München 1996

Hellinger, B.: *Mitte und Maß.* Heidelberg 1999

ders.: *Organisationsberatung und Organisationsaufstellungen. Werkstattgespräch über die Beratung von (Familien-)Unternehmen, Institutionen und Organisationen.* VHS-Video, Heidelberg 1998

Holitzka, M. / Remmert, E.: *Systemische Organisationsaufstellungen.* Darmstadt 2000

Horn, K.-P. / Brick, R.: *Das verborgene Netzwerk der Macht. Systemische Aufstellung in Unternehmen und Organisationen.* Offenbach: GABAL, 2. Aufl. 2001

Lay, Rupert: *Die Kultur des Unternehmens.* München 1997

Rückle, Horst: *Körpersprache für Manager.* Landsberg/Lech 1998

ders.: *Coaching.* Düsseldorf 1992

Ruppert, Franz: *Berufliche Beziehungswelten. Das Aufstellen von Arbeitsbeziehungen in Theorie und Praxis.* Heidelberg 2001

Stone, H. / Stone, S.: *Du bist viele.* München 1994

dies.: *Du bist richtig.* München 1995

Schwartz, R. C.: *Systemische Therapie mit der inneren Familie.* München 1997

Schultz v. Thun, F.: *Miteinander Reden, Bd. 3, Das „innere Team" und situationsgerechte Kommunikation.* Reinbek 1998

Sparrer, I. / Varga v. Kibéd, M.: *Ganz im Gegenteil. Grundformen systemischer Strukturaufstellungen.* Heidelberg 2000

Sparrer, I.: *Wunder, Lösung und System.* Heidelberg 2001

Weber, G. (Hg.): *Praxis der Organisationsaufstellung.* Heidelberg 2000

Wittemann, A. S.: *Die Intelligenz der Psyche. Wie wir ihrer verborgenen Ordnung auf die Spur kommen.* München 2000

Über die Autoren

Dr. Klaus-Peter Horn, Jg. 1953, Psychologe und Managementtrainer. Seit 1982 berät er renommierte Unternehmen im In- und Ausland und coacht Führungskräfte. Gemeinsam mit R. Brick ist er Inhaber von *Commit Coaching und Training*. Arbeitsschwerpunkte: Systemische Organisationsberatung, systemisches Coaching, Konfliktmanagement, Führungstraining, Teamentwicklung und systemisches Trainertraining.

Regine Brick, Jg. 1948, Kommunikationstrainerin, Moderatorin, Therapeutin (HPG). Arbeitet als systemische Beraterin und Trainerin. Arbeitsschwerpunkte: Systemische Aufstellungsarbeit für berufliche und persönliche Anliegen, Voice Dialogue, Prozessbegleitung. Sie leitet Fortbildungen für Organisationsaufstellung und systemisches Coaching. Gemeinsam mit Dr. K.-P. Horn ist sie Inhaberin von *Commit Coaching und Training* und arbeitet in eigener Praxis.

Die beiden sind Autoren des Buches: *Das verborgene Netzwerk der Macht. Systemische Aufstellung in Unternehmen und Organisationen.* Offenbach: GABAL, 2001.

Information/ Kontaktaufnahme

Bitte senden Sie mir Informationen über

- ❏ Das Seminar zum Buch
- ❏ Systemisches Coaching
- ❏ Inhouse-Trainings
- ❏ Inhouse-Systemaufstellungen
- ❏ Fortbildung Organisationsaufstellung und systemisches Coaching
- ❏ ....

Name ....
Firma ....
Straße ....
PLZ/Ort ....
Telefon ....
Fax ....
E-Mail ....

An:
Commit Coaching und Training
Dr. Klaus-P. Horn & Partner
Wildentenweg 10
D-86938 Schondorf a. Ammersee
Tel. 0 81 92/88 02
Fax 0 81 92/89 90
E-Mail: info@dr-horn-training.de
Internet: www.dr-horn-training.de

Stichwortverzeichnis

Akquisition 22
Anerkennung 85
Anliegen 30, 45, 62, 79, 99
Aufstellung 7, 46
Aufstellungsleiter 45
Aufstellungspraxis 50

Blinder Fleck 87, 165
Bodenanker 115

Change-Management-Situation 16
Coach 34
Coaching 9, 22
Coachingpraxis 22

Diagnosemethode 7
Dialog 50
Dilemma 114, 131
Dynamiken 19

Entwicklungsquadrat 148, 165
Etablierte Ordnung 62

Familienstellen 10
Familiensystem 83, 119
Familienthema 68, 72, 109, 121
Familienunternehmen 109, 113
Feedback 19, 82
Feindbilder 148
Fluktuation 38
Fokus 30

Fremdbild 150
Führungsalltag 36
Führungskräfte 26, 102
Fusionen 10

Gesellschafter 26
Gewissen 67

Hilfsmittel 99

Implementierung 94
Inhouse-Aufstellung 22, 41
Innere Person 92
Inneres Team 90
Integrationsprozess 17
Ist-Bild 101

Klassische Trainingsmethoden 44
Kommunikation 44
Konflikt 58, 107
Konfliktlösung 41
Konfliktsituation 56
Konstellation 18
Krisen 22

Lösung 28
Lösungsbild 52, 120
Lösungsorientierung 114

Marktanteile 17
Märkte 17

Marktposition 22
Meme 141
Mikrosystem 92
Mobbing 78, 87
Moderation 44
Monitoring 40, 94, 104

Navigationsinstrument 16
Netzwerk 15
New Economy 59, 66
NLP-Technik 159

Old Economy 59, 66
Ordnung der Macht 127, 131
Ordnungsprinzipien 67
Organisationsaufstellung 11

Persönlichkeitssystem 107
Positives Denken 16
Projekt 74
Prozessarbeit 50

Ressource 54, 153, 157

Sanierer 15
Selbstbild 150
Spiral Dynamics 140
Stellvertreter 18, 47, 79, 81, 82, 116
Symptom 37
Synergieeffekte 17
System 36
Systemebenen 94
Systemebenenwechsel 111
Systemische Aufstellung 7, 18
Systemische Berater 40
Systemisches Coaching 9, 88

Systemische Ordnung 48
Systemische Ordnungsprinzipien 72
Systemische Rechte 35
Systemische Verstrickung 14

Team 41, 57
Teamentwicklung 41
Teamerweiterung 42
Teamchef 43
Teamkonflikt 58
Teamleiter 45
Teilpersönlichkeit 134, 155
Tun-Sein-Übung 160

Übernahme 26
Umsatzeinbruch 38
Umsetzung 89
Unternehmen 13
Unternehmensberatung 17
Unternehmensführer 15
Unternehmenssysteme 10, 15, 37
Unternehmensteile 37

Verhandeln 69
Verwechslung 83
Visualisierung 143
Voice Dialogue 92, 95, 135

Wachstumspotenziale 17
Wahrnehmung 19, 100
Werte 137
Würdigen 36, 70
Würdigung 48, 56, 69, 72, 107, 132

Zugehörigkeit 132
Zweifel 90, 94